CÁRCEL DE LOS SENTIMIENTOS

"MECANISMOS PARA SUPERAR LA ANSIEDAD, LAS HERIDAS Y LAS TRAICIONES DEL CORAZÓN

CATARSIS DEL ALMA
LIBRO DOS

LEUYIN M. GARCÍA

Cárcel de los Sentimientos

Publicado por:

Código Íntimo Editing

janeza.777perez@gmail.com

Diseño de cubierta: Janeza Pérez

Diseño interior: Janeza Pérez / 1 (910) 574-3383

Contacto de autor: Leuyín García

Leuyin Ministries Inc. \ Oficina. (910) 568-5615,

(787) 920-5134

navegantedetormentas@hotmail.com

Leuyinministry@gmail.com

Todas las referencias bíblicas fueron tomadas de la Biblia Reina-Valera, revisión de 1960, a menos que se indique otra fuente.

ISBN 9798860337602

Categorías: Devocional. Vida cristiana

❀ Creado con Vellum

ÍNDICE

En memoria de Juan (mi padre), Jesús y Agustina (mis abuelos) y Toribio García (mi tío).

RAÍCES SOBRE FRONTERAS...

Un intercambio de ilusiones, un acuerdo ilegítimo, una compra al contado sin garantías, hipotecado por la falacia del sueño americano. Un cambio de hojas verdes de las palmeras caribeñas por un gris copo de nieve. ¿Qué impulsó a un hombre que, sin saberlo, llevaba una generación sobre sus hombros, a enfrentarse a la incertidumbre y abandonar el calor de sus raíces?

Se ha visto forzado a dejar atrás el inconfundible aroma de la tierra rojiza y el verdor de la hierba, ahora rodeado de cemento y estructuras de acero, bajo un cielo gris que no rememora al de su lugar de origen. Aunque este sitio no es intrínsecamente distinto, ni carece de su propio encanto, es una visión del cosmos desde una perspectiva diferente. Sin embargo, el peso de la nostalgia ha opacado su capacidad para apreciarlo plenamente, llevándolo a una resignada aceptación.

¿Por qué habría dejado atrás el animado ritmo del merengue "Ripiao" para sumergirse en los estridentes acordes de "New York, New York" de Frank Sinatra? A primera vista podría parecer que se había rendido ante la influencia del dólar, pero en realidad no es así. Simplemente, la desesperanza agotó las reservas de los sueños que lo nutrían. Observó a sus viejos frágiles y sometidos al inexorable paso del tiempo. ¿No lo notas? ¿No lo comprendes? No fue la ambición, ni el sabor dominante del capitalista "Big Mac". Fueron el hambre y el miedo.

Ese miedo está presente en la desilusión que impregna a sus compañeros campesinos, quienes año tras año depositan su bienestar en las "Yolas" de las promesas políticas. Esas promesas que resultan ser barcos que parten pero nunca llegan a su destino. ¿No puedes verlo? Él no es el primero, ni tampoco será el último. No lleva equipaje, pero en el bolsillo de su corazón carga el legado de sus antepasados. Lleva una semana oculto entre las cajas de un barco de Navieras, usando una bolsa para ocultar el olor de sus necesidades. No ha probado comida en una semana.

Entonces, ¿qué lo alimentaba? ¿Qué lo impulsaba a seguir adelante? Únicamente la búsqueda de igualdad y la imagen debilitada de su anciana madre; una madre que no tenía suficiente para los medicamentos y que, con voz temblorosa al verlo partir, le suplicó: "Regresa algún día, hijo mío, regresa". Jamás imaginó que esa sería la última vez que la vería con vida. El sistema migratorio implacable y su alta dosis de burocracia excluyente no le concedería la posibilidad de un retorno seguro. Tendría que abrazar su tierra natal desde la distancia, a menos que quisiera quemar los mapas que trazaban el camino de regreso y conformarse con abrazar a sus padres en el recuerdo, en una foto que se deterioró al bajar de la "yola".

Tendría que dejar atrás a sus hijos y al amor de su esposa. Esto lo desconcierta, ya que ha edificado castillos de hielo, olvidando la diversidad de las estaciones y pasando por alto los calurosos veranos. A pesar de ello, cada vez que camina por las calles del Bronx, encuentra un pedacito de su cultura y una semilla que floreció en las plazas del Barrio Obrero en Puerto Rico. En silencio, ha aprendido que no son los días los que dan sentido a la vida, sino la vida misma en cada uno de esos días.

Sus hijos valorarán sus esfuerzos, aunque en algún momento puedan haber sentido la tentación de dejar atrás su lengua materna y avergonzarse de ser llamados inmigrantes. Lo paradójico es que se migra de tierras, pero no de cultura. Se busca nuevas oportunidades, pero el corazón no se traslada; nunca necesitará un tratado migratorio para dejar su huella y sus raíces en ambos lados de las fronteras.

INTRODUCCIÓN

Tus ojos se abren como las cortinas de un escenario teatral, y la escena que se despliega es desgarradora: un niño desamparado, al borde de la muerte y vulnerable, es el protagonista. Su mirada refleja una profunda desesperación.

Es un niño sin esperanza, cuyo destino ha sido truncado por el sufrimiento. Parpadeas nuevamente, como si abrieras y cerraras un telón, y observas con atención. Te das cuenta de que este niño tiene rasgos familiares, aclaras tu visión para asegurarte y ¡sí! ¡no te equivocas! Es tu propio hijo.

Tu alma se desgarra, y el corazón parece querer salirse del pecho. No sabes cómo actuar: ¿gritar, llorar, culpar a alguien o simplemente socorrer? Pero no puedes hacer nada, ambos están atrapados por el destino.

Te sientes en un dilema, entre la espada y la pared, entre la oscuridad y la luz del día. Por un lado, sabes lo que se espera de ti, pero por otro, te faltan las fuerzas para hacerlo. Experimentas una emoción tan intensa que paraliza tus pensamientos y tu capacidad de razonar.

En medio de esto, surge una pregunta en tu mente: ¿qué pasa con mis propios sentimientos? ¿Hará Dios un cambio en su plan al ver mis lágrimas? El silencio se convierte en tu enemigo, y la incertidumbre te enfrenta sin piedad.

Te encuentras en una especie de prisión invisible, sin rejas ni muros, de la cual parece que nunca podrás escapar. ¿La ves? ¿Puedes distinguir entre ella y la realidad? Podría estar a tu alrededor o tal vez se encuentra dentro de ti. Es una sensación oscura pero innegablemente real. ¿Cómo podrías eliminarla de tus pensamientos? ¿O deberás acostumbrarte al dolor, como quien negocia con una enfermedad terminal?

Así ocurrió con uno de los reyes más influyentes y notables en las historias bíblicas: el rey David. Se encontró postrado ante lo que sería su primera derrota en su trayectoria de liderazgo. Hasta entonces, nunca había experimentado la derrota ni había perdido una batalla. Siempre había respirado con confianza y había sido el cazador en lugar de la presa.

No obstante, en ese momento, se vio derrotado y capturado por la cárcel de la desesperación, víctima del verdugo de las emociones. Se encontraba en un conflicto interno entre sus sentimientos y la justa voluntad de Dios.

Tú y yo, en algún momento, hemos transitado por esa misma situación, al igual que David. Es en ese momento particular cuando Dios pronuncia dos palabras que te definen: "Déjalo morir".

Aunque estas palabras duelen, es necesario que esa parte de ti muera. A pesar de que tu mente te dice que lo hagas, tu corazón se queda inmovilizado en esa experiencia. Parece que los núcleos de procesamiento de tu alma están saturados y eso perturba el funcionamiento de tu sistema nervioso.

Es el instante en el cual no te conformas con decir simplemente "Es la voluntad de Dios". No te satisface la frase "Todo obra para bien". Anhelas más que el plan de Dios; anhelas una respuesta, una explicación. Deseas que alguien se siente contigo, tome una taza de café y descifre el enigma de esta ironía divina. Pero el ambiente que se respira es de soledad. Me refiero a esos momentos en los cuales se te presentan dos opciones, pero solamente puedes elegir una. Un punto de quiebre, en el cual decides alinearte con la voluntad de Dios o ser vencido por tus emociones y atrapado por tus sentimientos.

Este libro tiene como propósito abordar una situación común que he observado a lo largo de mis años como ministro. Muchos creyentes se encuentran en una lucha interna, enfrentando una dualidad de pensamientos y confusiones sobre qué elecciones tomar en su vida espiritual.

He escuchado preguntas como: "¿Debo seguir la voluntad de Dios o mis propios deseos?", "Siento la necesidad de actuar correctamente, pero me resulta difícil", "A veces no tengo control sobre mis propias emociones", "No encuentro la motivación para hacer lo correcto o simplemente no siento que sea lo correcto en mi corazón". Estas inquietudes a menudo afectan su camino hacia un cumplimiento profético en la vida.

He experimentado eso, así que quiero que sepas que no estás solo. Yo también fui atrapado en la cárcel de los sentimientos en más de una ocasión. Quedé atrapado en la inseguridad, el resentimiento y el miedo. Estuve atado a las expectativas de otros, cuyo descontento reemplazó sus aplausos cuando vieron mis debilidades. Y eso duele, ¡duele mucho! Es doloroso sentir que no eres suficiente, que no cumples con lo que esperan de ti. Así es como acumulas deudas emocionales y la felicidad es confiscada para ser utilizada como botín por el enemigo.

Hablo de esos momentos en los que tus emociones parecen pasadas por alto, y la única alternativa viable parece ser dejar que Dios te transforme a través del proceso. Cuando anhelamos la excelencia pero nos quedamos atrapados en la trampa del conformismo, utilizando frases como "peor es nada" o "así soy yo, así me conociste", nos exponemos a una serie de reemplazos en nuestra búsqueda de lo genuinamente excepcional.

¿SERÁ QUE DIOS UTILIZA LAS EMOCIONES?

Desde los albores del pensamiento, una pregunta ha surcado la mente de cada estudiante diligente de las escrituras: ¿Caeré en pecado si me siento airado o enojado? ¿Cómo discernir cuando mi corazón me está engañando? ¿Las preguntas que formulo molestarán a Dios? ¿Se disgustará por mis cuestionamientos? ¿Utiliza Dios mis emociones o las descarta? ¿Será que gozo de salud emocional o aún albergo heridas? ¿Habrá pecados en mí que desconozca?

Por esta razón, con humildad, a lo largo de las páginas de este libro, pretendo abordar estas cuestiones y muchas otras. Al mismo tiempo, anhelo proporcionarte herramientas para aplicar el consejo bíblico del apóstol Pablo cuando expresó:

> "Derribando argumentos y toda altivez que se levanta
>   contra el conocimiento de Dios, y llevando cautivo
>   todo pensamiento a la obediencia a Cristo"
> 2 Corintios 10:5

¡Exacto, los pensamientos! Porque son la chispa que enciende todo. Es una cosa llevar cautivos los pensamientos y otra cosa es que los pensamientos te tengan cautivo a ti. Al someter mis pensamientos, podré dirigir mis emociones y decisiones, lo que resultará en una vida plena. Así, podrás manifestar inteligencia emocional en todos los aspectos de tu vida, evitando que lo positivo te abrume, lo confuso te desoriente y lo negativo te consuma.

Es mi intención, guiado por el Espíritu Santo, explorar en detalle tu ser interior a través de este libro. Quiero apoyarte en el proceso de asumir responsabilidad por los patrones arraigados en el automatismo del pensamiento, y nutrir los guardianes de tu mente para que nunca más te encuentres prisionero de tus emociones y puedas mantener el control. Después de todo, aquel que no puede dominarse a sí mismo nunca puede afirmar ser el dueño de su propia vida; siempre habrá algo o alguien manipulando los hilos de su existencia.

Ante esto, permítame ajustar sus expectativas al informarle que este libro no se trata simplemente de otro manual de control de emociones, ni es un texto sobre el manejo del temperamento. ¡Va más allá de eso! Es un compendio de historias y testimonios personales de alguien que ha superado sus propias prisiones emocionales.

Está entrelazado con profundidad bíblica, centrado en la transformación de nuestro carácter a través de la encarnación de Jesucristo, y dista por completo de cualquier enfoque humanista. En resumen, nuestro propósito es que «Cristo sea formado en nosotros» [Gálatas 4:19]. Por lo tanto, querido lector, te invito a emprender un viaje a través de las páginas de esta guía con un único objetivo en mente: ¡experimentar una auténtica libertad!

Te invito a aventurarte en los capítulos siguientes, donde exploraremos los caminos hacia una vida guiada por la verdad divina y la transformación interior. Descubriremos los secretos para liberarnos de las cadenas emocionales y experimentar la plenitud que Dios tiene reservada para cada uno de nosotros.

Prepárate para un viaje en el que las respuestas a tus preguntas más profundas y la promesa de una vida transformada te esperan en cada página. ¿Estás listo para abrir la puerta hacia la verdadera libertad?

Atrévete a vivir según el diseño de Dios, ya que su plan siempre ha sido que el ser humano viva en equilibrio y armonía. Sin embargo, te advierto que no encontrarás comodidad al leer este libro a menos que albergues un ardiente deseo de excelencia para honrar a Dios en tu interior. No te conformes con los substitutos de la verdadera excelencia, como las mediocridades pasajeras o cambios superficiales sin impacto duradero.

Tampoco te contentes con decisiones insignificantes; en su lugar, decide hoy ser parte de aquellos que toman decisiones de carácter perdurable al someter la mente y las emociones a lo establecido por nuestro Dios y Señor en las Escrituras.

Por amor a la libertad y por amor a ti mismo, descubre cómo romper las cadenas de la celda de las emociones en la prisión de los sentimientos. Te invito a adentrarte en los capítulos siguientes y explorar este viaje hacia la auténtica libertad emocional con una mente abierta y una disposición a dejarte transformar.

Permíteme unirme en oración contigo antes de que comiences la lectura de los capítulos:

"Padre, en el nombre de tu Hijo Jesucristo, te presento esta travesía de autodescubrimiento que estás a punto de emprender junto a este lector. Te imploro que guíes cada página y que tu presencia sea palpable en cada palabra. Capacita a este lector para recibir con amor las revelaciones de lo que está oculto, y utiliza este libro como un medio para liberación y un crecimiento espiritual más profundo contigo, Padre Eterno. Oro para que, en tu nombre, alejemos cualquier distracción u obstáculo que pueda interponerse en el camino de la lectura. Reconocemos que pusiste este libro en

manos de este lector, y solo anhelamos que tu voluntad se cumpla. Te lo ruego en los méritos de tu Hijo, Jesucristo. Amén."

Si estás preparado para adentrarte en los misterios que aguardan en los capítulos por venir, entonces ¡comencemos! Te doy la bienvenida a un viaje de autodescubrimiento y transformación. ¡Vamos juntos en esta travesía!

PREFACIO

En un mundo donde los sentimientos y emociones dictan a menudo el curso de nuestras vidas, "Carcel de los Sentimientos" busca ser un faro de entendimiento y guía. Esta obra no es solamente un libro, sino una experiencia interactiva, diseñada para llevar al lector más allá de las páginas impresas y hacia una comprensión más profunda de sus contenidos.

Antes de embarcarte en la lectura de cada capítulo, te encontrarás con un código QR. Al escanear este código con tu dispositivo móvil, serás dirigido a un video conversatorio donde expandimos las ideas del capítulo en cuestión. Estos videos son una herramienta valiosa para profundizar en el material, proporcionando contextos adicionales, reflexiones y discusiones que enriquecerán tu experiencia de lectura.

Es un honor contar con la colaboración de distinguidos invitados en estos conversatorios. Junto a mí, el Pastor y Conferencista Internacional, Rafael Torres Zacour, presta su sabiduría y perspectiva en nuestras discusiones. Además, la cantante Lorel Quiles nos brinda sus sensibilidades y consejos, mientras que la Pastora y Conferencista Rvda. Marta Ramirez y la Evangelista Janeza Perez aportan profundidad y entendimiento teológico y espiritual a nuestras conversaciones.

Al concluir tu viaje a través de "Carcel de los Sentimientos", encontrarás un código especial que te llevará a la obra de teatro creada especialmente para presentar este libro. Esta pieza teatral es una representación artística y dramática de las temáticas que hemos explorado, y promete ser un cierre memorable para tu experiencia con esta obra.

Es mi deseo que, al combinar la lectura tradicional con estos elementos multimedia, "Carcel de los Sentimientos" no sea solo un libro, sino un viaje transformador que te ayude a entender, gestionar y liberarte de las cárceles emocionales que puedan existir en tu vida.

Con gratitud y esperanza,

Leuyín García Rivera

CÁRCEL DE LOS SENTIMIENTOS
Episodio 1

▶ Watch video

ESCANÉAME

Escanéa el código con tu celular
para acceder el estudio del capítulo

CAPÍTULO 1

Catarsis del Alma

ENCARCELADO CON
ÉSTE CORAZÓN

Era una mañana habitual, ropa impecable, la ofrenda estaba lista, la fragancia era la adecuada. Nuestro personaje, al que llamaré "Joe Doe" como se identifica en ingles a un Juan del Pueblo, una persona sin identidad. Este Joe sabía cómo hacerlo, se supone que sería una mañana ordinaria, sin variaciones, sin matices diferentes, sencillamente igual que las demás.

La misión... era sencilla, entrar y salir del templo, tal y como había aprendido de sus padres. ¿Has estado allí? puedes percibirlo, hablo de esa sensación de comodidad e indiferencia que estrangula la expectativa; es aquella que toma el volante del coche de la esperanza y la envía al asiento trasero, relegando a la figura de pasajero, las oportunidades, la creatividad y los sueños.

Para "Joe Doe", es sólo una mañana más de culto, un momento para maquillar las fracturas del alma, y mitigar las voces de la culpa, ocultándolas tras el disfraz de la tradición religiosa. Joe Doe, se sienta a tu lado, comparte tus rituales, conoce muy bien tu tradición, pero algo que nadie percibe le atormenta. Para este "Joe" era una mañana cualquiera, hasta que escuchó una voz, una voz diferente. Algo dentro de él reconoció esta voz, como si la hubiera escuchado antes, pero Joe estaba seguro de que no era la primera vez que la escuchaba.

No era una forma rara de hablar, esta voz sacudía los sótanos de su alma, invitándole a promover vida al ritual al que estaba acostumbrado. Algo en sus entrañas se estremece y esto resulta insoportable, ¿Puedes sentir la ansiedad? Eran espasmos cortos de respiración, temblores incontrolables y la vergüenza de sentir un impulso animal brotando de las profundidades inexploradas de su interior, una cárcel interior, unos barrotes invisibles adornados por su religiosidad. ¡Qué mañana! esa fue la mañana en que Joe o Jane Doe, tuvo un encuentro inevitable en la iglesia con la voz liberadora de Jesús.

Me refiero a este personaje como "Joe Doe", ya que el evangelista Marcos, en el capítulo 1, versículos 21-28, no especifica un nombre. El relato es escueto en detalles: no se describe un rostro concreto ni se establece un linaje. Todo se presenta como si se mirara a través de un espejo empañado. Marcos adopta un enfoque distinto al que nos ofrecen los demás evangelistas en sus narraciones. Simplemente, el texto menciona "Un hombre". Este hombre provenía de las afueras de Cafarnaúm, situada en la orilla noroeste del Mar de Galilea. Según el capítulo dos de Marcos, este lugar era el centro de operaciones de Jesús [Mt. 4:13].

Marcos no detalla lo que Jesús enseñó en la sinagoga, pero sí destaca que los oyentes quedaron asombrados. Esta solía ser la reacción típica de la gente ante la autoridad con la que Jesús enseñaba, una autoridad que contrastaba con la de los escribas, quienes dominaban la Torá y se aferraban a las interpretaciones tradicionales o a las tradiciones orales. El versículo no especifica el linaje ni el nombre del hombre poseído por un espíritu maligno. La intención de la narración no es menospreciarlo; es simplemente presentarlo como un "Joe Doe".

¿Alguna vez te has detenido a pensar cuántas personas conocen los rituales cristianos al dedillo, pero no han experimentado una libertad completa? Propongo que uno de los mensajes latentes en el verso es que la tradición y los rituales, por sí solos, no garantizan la libertad. No me malinterpretes, los sacramentos y tradiciones tienen un valor crucial; actúan como una brújula que nos orienta. Sin embargo, no deben confundirse con el verdadero encuentro con Dios.

Asistir a la iglesia no es sinónimo de alcanzar la libertad espiritual. Ejercer rituales sin un compromiso real y sin permitir una transformación interna es como ejercitarse sin ver resultados significativos en el cuerpo.

"Joe Doe", o "Juan del Pueblo" en el contexto hispanoamericano, diezma, conoce las canciones de memoria, levanta las manos, pero no es libre; vive atrapado. Aventurémonos por un instante más allá de lo explícitamente mencionado en el texto bíblico: ¿Cuántas veces este hombre, atormentado por un espíritu impuro, pudo haber entrado y salido de aquella sinagoga?

Un individuo anónimo que, pese a seguir los rituales de su cultura, permanecía cautivo. Cumplía con el shabbat, pero estaba cautivo. No faltaba a la sinagoga, y sin embargo, seguía prisionero. ¿Cuántas veces un Joe o Jane Doe se ha sentado junto a ti?

Tal vez tú mismo te sientas identificado con ese Joe o Jane Doe, ese personaje que pasa desapercibido. Podrías ser una cifra más en los reportes dominicales de tu iglesia, un empleado más para tu empresa o simplemente otro estudiante en tu institución educativa. No obstante, nunca eres un desconocido para Dios. ¡Para Él, no eres un simple Joe o Jane Doe!

EL PAPEL DEL CORAZÓN

¿Qué función tiene realmente nuestro corazón? Vivimos en una era donde el placer personal es común y donde los sentimientos a menudo son más importantes que los hechos al definir quiénes somos. Es vital comprender la importancia y el papel del corazón. En medio de una avalancha de emociones, ideas y creencias que encontramos cada día, necesitamos una visión clara sobre cómo nuestro corazón influye en nuestras emociones y pensamientos. Al tomar decisiones en nuestra vida, es esencial entender por qué Dios pone tanto énfasis en cuidar el corazón y cómo este se conecta con lo divino.

Un claro reflejo de esta insistencia divina es el consejo del proverbista:

> "Sobre toda cosa guardada, guarda tu corazón; porque
> de él mana la vida"

> — PROVERBIOS 4:23 RV60

Parece que nuestro destino tiene mucho que ver con el corazón. En el libro "Heart Intelligence", Deborah Rozman habla sobre esto y dice:

> *"Se percibe un creciente interés en el tema del corazón...*
> *Cuando la gente menciona que habla o actúa desde el*
> *corazón, señala una creciente conciencia sobre la rele-*
> *vancia del corazón en nuestras decisiones vitales".*

Rozman, con esto indica que el corazón podría ser más que un simple órgano que distribuye sangre; puede ser el núcleo de nuestras emociones, el refugio de las pasiones donde reside el alma.

Interesantemente, en 1970 se descubrió que el corazón influye en el cerebro a través del nervio vago. Es más, el corazón es el único órgano que envía más información al cerebro de la que recibe. Diversos estudios han mostrado que el corazón tiene una mayor potencia que el cerebro, tanto en términos electromagnéticos como en impulsos nerviosos. Es fascinante considerar que el corazón es el primer órgano en funcionar tras la concepción y puede actuar como un segundo cerebro.

Desde eras precientíficas, las sagradas escrituras abordan la conexión del corazón con el ser de cada individuo. Este vínculo puede ser percibido en pasajes bíblicos como Proverbios 23:7, que dice: "Porque cual es su pensamiento en su corazón, tal es él...", denotando la función inteligente del corazón. Claro está, no podemos ignorar que el término usado en hebreo para "corazón" es "leb", que también se traduce como intelecto y voluntad. Algunos eruditos han llegado a la conclusión de que cuando las escrituras se refieren al "corazón", en realidad aluden a la mente o al centro de la voluntad del ser humano. Este concepto se ampliará en capítulos posteriores.

EL PROBLEMA NO ES LA SEMILLA, SINO LA TIERRA.

Siguiendo esta línea de pensamiento, podemos considerar la reconocida parábola de Jesucristo acerca de la semilla y la tierra, mencionada en Mateo 13. En la explicación que Jesús da a sus discípulos, deja claro qué, al hablar de la tierra, se está refiriendo simbólicamente al corazón del ser humano. A su vez, identifica la semilla como la palabra de Dios, ya sea en su forma escrita o verbal.

Un detalle esencial a destacar de esta parábola es que Jesús no pone el foco en la semilla; no menciona ningún peligro directamente relacionado con ella. Sin embargo, sí pone énfasis en el estado de la tierra. Así, según la analogía de Jesús, lo que realmente le inquieta a Dios es el estado del corazón más que la función de la semilla. En resumen, si algo no funciona correctamente en este proceso, el problema no radica en la semilla (Palabra), pues ella no tiene defectos. El verdadero desafío se encuentra en el estado de la tierra, el corazón.

Considera el siguiente principio: en el ámbito natural, el propósito de la tierra no es discernir la semilla; su función es recibir la semilla que se le suministra, imponerle una demanda de producción y hacer emerger a la superficie su vida según su naturaleza. La tierra no discrimina: sea maíz, zanahoria o cualquier grano, lo que se siembre en ella demandará y lo traerá a la superficie. Metafóricamente hablando, a tu corazón no le preocupa lo que se deposita en él. No tiene la tarea de elegir entre una semilla u otra, o entre una palabra o gesto recibido, su trabajo es hacer producir lo que recibió.

El corazón humano no juzga lo que recibe. Su tarea es reaccionar a lo que se le introduce. Así como la tierra, según su condición, da luz y vida a lo plantado, el corazón muestra lo que en él se ha depositado. En terminos sencillos, los sentimientos son el abono de cualquier gesto o palabra sembrado como semilla, lo que se siembra en el corazón germinará como una acción emocional. Esto concuerda con el proverbio previamente citado: "Sobre toda cosa guardada, guarda tu corazón...", es decir, cuida esa tierra, porque todo lo que reciba, sin importar qué sea, lo expondrá a la luz.

El corazón humano no juzga lo que se le da; su papel es reaccionar a lo que se le permite acoger. Al igual que la tierra, dependiendo de su condición, saca a la luz (hace brotar) aquello que se plantó en él.

Esto plantea un riesgo considerable. En la parábola de Jesús, la semilla es la palabra de Dios, pero en nuestro contexto inmediato, las palabras recibidas o las emociones transferidas actúan como semillas en el jardín del corazón. Si el corazón está vulnerable, manifestará una identidad forjada en momentos oscuros, reflejando la semilla que se le confió. En referencia a esta idea, está escrito: «El corazón alegre hermosea el rostro; pero por el dolor del corazón, el espíritu se abate» (Proverbios 15:13-15 RV60). En otras palabras, la semilla que se gestó en el corazón será la que se refleje en el rostro.

En la misma línea, están las palabras de Jesús registradas en el evangelio de Mateo: «Pero lo que sale de la boca proviene del corazón; y esto contamina al hombre. Porque del corazón salen los malos pensamientos, los homicidios, los adulterios, las fornicaciones, los hurtos, los falsos testimonios, las blasfemias» (Mt.15:18-20 RV60). Observando estos textos con una óptica divina y una teología desde arriba, la preocupación implícita en la parábola y los textos subsecuentes es el cuidado de lo que recibes en la tierra de tu corazón. En resumen, cuida los efectos de lo que se siembra en tu ser a través de palabras, ya sean halagos inocentes, adulaciones o insultos. Independientemente de su naturaleza, protege tu tierra, pues estas palabras pueden encadenarte.

Vigilar y discernir lo que constantemente se siembra en nosotros es vital para mantener una salud espiritual y no quedar atrapados por un sentimiento. Hay cadenas espirituales que pueden cautivarnos si no prestamos atención a las acciones o palabras que, como semillas, se depositan en la tierra de nuestro corazón. Nuestro corazón es un jardín en el que, simbólicamente, pueden crecen rosas, espinos, trigo y cizaña. Cuando ese jardín queda desprotegido debido a una mente que no sabe reflexionar desde una perspectiva bíblica, es decir, que no ha sido ejercitada en pensar sobre el pensamiento bíblicamente, cualquier pensamiento o sentimiento puede ser sembrado y, eventualmente, germinar en su carácter y conducta.

UN JARDÍN DESPROTEGIDO RECIBE CUALQUIER SEMILLA

Un claro ejemplo de este principio se halla en el evangelio de Mateo (Mt. 16:22-23), cuando Jesús anticipa su sacrificio en la cruz. Ante esto, Pedro aparta a Jesús y le suplica: «Señor, cuídate; no permitas que esto te pase». Sin embargo, la reacción de Jesús es inesperada. A pesar de la aparente empatía de Pedro, Jesús le contesta: «¡Aléjate de mí, Satanás! Eres un estorbo para mí...». Este pasaje muestra que Pedro estaba tratando de apelar a la autocompasión, algo que refleja los valores individualistas de hoy en día, que anteponen el bienestar personal al colectivo.

Jesús tenía claro su misión, y aunque las palabras de Pedro estaban bien intencionadas, podrían haber sido una semilla desorientadora para el corazón humano de Jesús. ¿Por qué Jesús rechazó una expresión de empatía de un amigo? ¿Acaso estas palabras podrían haber despertado un sentimiento en Jesús del que sabía debía protegerse?

¡Definitivamente! Su influencia se manifiesta en uno de los momentos más críticos de la misión de Jesús, en un lugar llamado Getsemaní (Mt. 26:39). En ese momento, Jesús se sintió vulnerable, y la semilla plantada por Pedro empezaba a brotar. Tanto así que el mismo Jesús, quien anteriormente había reprendido a Pedro por sugerirle pensar en sí mismo, por un momento empezó a preocuparse por su propio bienestar.

Esta no era una conducta habitual en Jesús, ya que solía enfocarse en el bienestar de otros. Sin embargo, oró diciendo: «Padre mío, si es posible, líbrame de este trago amargo; pero que no se haga mi voluntad, sino la tuya». Podríamos inferir que esta fue la principal razón por la cual Jesús rechazó con firmeza la manifestación de preocupación de Pedro, considerando la emoción que podría desencadenar en él.

¿Cómo es posible que un gesto de cariño o una afirmación positiva desencadene un efecto adverso en alguien? Cualquier expresión que fortalezca nuestro propio ideal y al mismo tiempo desvirtúe el plan de Dios puede llevarnos por un camino equivocado, independientemente de las buenas intenciones o del mensaje en sí. Es crucial proteger el jardín del corazón incluso de manifestaciones afectuosas, especialmente cuando se busca ser firme en una decisión.

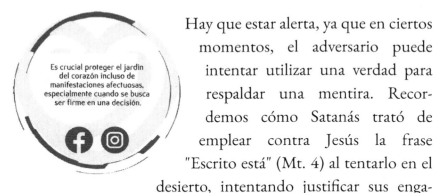

Es crucial proteger el jardín del corazón incluso de manifestaciones afectuosas, especialmente cuando se busca ser firme en una decisión.

Hay que estar alerta, ya que en ciertos momentos, el adversario puede intentar utilizar una verdad para respaldar una mentira. Recordemos cómo Satanás trató de emplear contra Jesús la frase "Escrito está" (Mt. 4) al tentarlo en el desierto, intentando justificar sus engaños. Cuando se toma una decisión trascendental, como un cambio de trabajo, de iglesia, un divorcio o poner fin a una amistad, expresiones como "te quiero" o "nadie lo hará como tú" pueden convertirse en trampas emocionales que es preciso eludir. Lo que se siembre en tu corazón en un momento de vulnerabilidad, eventualmente mostrará sus efectos, y estos pueden tener consecuencias irrevocables.

Permítame ilustrar esta afirmación con una experiencia personal. Recuerdo el día en que un amigo, pastor, se acercó a mí para ofrecerme un consejo. Este amigo quería verme prosperar en el ámbito ministerial y me planteó una interrogante: "Leuyín, ¿qué legado dejarás para otros? ¿Cómo te recordarán cuando ya no estés? Si tu ministerio se limita a enseñar y predicar sin dejar algo perdurable, serás simplemente otro predicador más que, con el tiempo, se desvanecerá como polvo después de ser sacudido."

Observé detenidamente su rostro, estaba asombrado por la

pasión con la que me aconsejaba. Sin percatarme, en ese momento en el que mi corazón quedaba desprotegido, me transmitió su sentimiento. No quiero que me malinterpretes; no me refiero a una transferencia de algún espíritu inmundo, sino a una transferencia emocional.

De repente, los deseos de sobresalir y ser notado en el ministerio estaban siendo sembrados en mi corazón y yo no me había percatado. Estoy convencido de que la intención de mi amigo pastor era genuina, pero mi corazón no estaba en el momento adecuado para esa conversación. Recibí sus palabras como una carga, una ansiedad por el progreso, y un deseo poco saludable de sobresalir. No quería quedar en segundo plano. Siempre he tenido un corazón de servidor, pero en esa época, muchos de mis proyectos comenzaron a estar más motivados por el deseo de ser recordado que por la esencia de mi misión.

Anhelaba dejar un rastro, un testimonio de lo que Dios estaba haciendo a través de mí. Soñaba con que alguien escribiera un libro sobre mis logros o citara mis palabras en su sermón. Esto no era evidente en mi vida; ha sido un proceso difícil y profundo de autodescubrimiento y ahora lo comparto contigo, lector, en este libro, donde jamas pensé que lo haría. Nunca he sido prepotente ni arrogante, pero esos sentimientos estaban ocultos en un rincón de mi corazón y todo comenzó con una pregunta aparentemente inofensiva: ¿Cuál es tu legado?

No fue hasta años después, al alinearme con las Escrituras, que reflexioné sobre las motivaciones detrás de algunos proyectos que había emprendido. Dejé de involucrarme en iniciativas que otros habían comenzado, pensando que no sumaban a mi legado. Perdí oportunidades de ser un buen seguidor pensando que lo valioso era siempre estar al frente. Fue entonces cuando la realidad me impactó: no era el deseo de legado, estaba atrapado por la ambición de notoriedad.

El Espíritu de Dios me mostró que el verdadero legado no está en las estructuras o proyectos, sino en los corazones transformados. Y el núcleo de ese legado es Cristo. Quiero que entiendas que el consejo de mi amigo no fue erróneo. Me alentaba a ir más allá de un ministerio tradicional. Sin embargo, en ese momento, mi corazón estaba expuesto a la seducción del deseo de reconocimiento y esto dio paso a la transferencia de una semilla que produciría orgullo y ambición en mi corazón.

MAQUILLANDO LAS FRACTURAS DEL ALMA

¿Quién no se ha rendido ante los impulsos del corazón? ¿Quién no ha sucumbido ante un sentimiento de fracaso o ante la ira proveyéndole el timón de sus decisiones? ¿Quién no ha tratado de maquillar las fracturas del alma? Basta con dar una pequeña mirada al ayer para darnos cuenta que nuestros impulsos nos han guiado a acciones y palabras que han dejado heridas profundas en nuestra esperanza, como una fractura en el alma.

Aquella esperanza encarcelada por la desilusión y las falsas expectativas financiadas por aquellos en los que alguna vez hipotecamos nuestra confianza. Evidentemente el haber confiado ciegamente en los demás te cause enojo y aún más, quizás has llegado a poner tus manos sobre tu cabeza y te has preguntado: ¿Cómo no me di cuenta? ¿Por qué he vuelto a caer en lo mismo? ¿Estaré destinado(a) al fracaso? Es beneficioso para la salud espiritual reconocer que si tu experiencia de vida es parecida a la descrita en el párrafo anterior, no estás solo(a).

El apóstol Pablo, escribiendo a la iglesia en Roma, plasmó un desahogo que proviene de un hombre vulnerable e indefenso ante sus impulsos. Su frustración fue tan palpable que escribió: ¡Miserable de mí! ¿Quién me librará de este cuerpo de muerte? (Rom. 7:24; RV60). Es el clamor desesperado de alguien que ha entrado al cuadrilátero contra su propio corazón y ha perdido asalto tras asalto, estando al borde del "knock out".

Es el "yo" que se idealizó, pero al autoevaluarse se encuentra con la desalentadora idea de que es más fácil maquillar las fracturas que enfrentarlas. El alter ego resulta no ser quien se ve en el espejo todos los días, sino el reflejo de alguien que se percibe en una cárcel emocional, sin visitas, donde su único compañero de celda es su propio corazón. ¡Miserable de mí!

Entiendo que encarar nuestro propio corazón no es sencillo y demanda una afinada capacidad de discernimiento. Lo que guardas en tu corazón refleja tu verdadera esencia y aquello a lo que lo vinculas. Por ello, el planteamiento previamente hecho no se origina desde una postura neutral. No es un discurso superficial sustentado en una frágil perfección; nace de alguien llamado por Dios que, en algún instante, también ha descuidado el jardín del corazón y ha experimentado la amargura de sus consecuencias.

SENTIMIENTOS Y EMOCIONES DESAPERCIBIDAS

Una mañana, mientras trabajaba estrechamente con mi padre en su taller de hojalatería, noté una diferencia en su mirada. Aquel resplandor característico que un padre muestra al imaginar un sinfín de oportunidades para su primer hijo varón comenzaba a esfumarse. Hablo de ese deseo, a menudo sin fundamentos, que motiva a un padre a esperar que su hijo realice aquellos sueños que él no logró, incluso si eso significa pasar por alto las aspiraciones propias de su hijo.

En terminos simples, si este padre soñó con ser un destacado deportista, un renombrado médico o un músico talentoso, pero por alguna razón no pudo serlo, entonces deposita esa esperanza de que su primer hijo varón algun día lo será. Lo ve como una extensión de sí mismo, como la oportunidad de reivindicar su historia y convertir a su hijo en el tema de orgullo cuando conversa con sus amigos. Esto origina una tensión social en cualquier niño, llevándolo a esforzarse por obtener la afirmación emocional de sus progenitores.

Aquella mañana, la realidad de que yo no cumplía con las expectativas de mi padre colmó su paciencia. Yo estaba debajo de un automóvil intentando extraer una pieza que él me había indicado, pero no sabía cómo hacerlo. Para mi padre, Juan García, era como si le estuvieran dando una puñalada en medio de su árbol genealógico. Ver que a mí realmente no me interesaba su oficio, y aun peor, que yo no entendía nada de lo que me estaba solicitando, le desesperó.

Mi Papá, en su cólera me dijo una palabra que me hirió de

muerte, «¡Bruto, tú nunca entiendes, ni sabes hacer nada!» Para mi padre no fue nada significante, solo fue un escape que lo ayudaría a no propinarme un golpe. Posiblemente para usted parezca una simpleza, o un brote de ira involuntario sin mayores consecuencias pero creame, para mi ¡no fue así!

Mi corazón se quebró, como el de alguien que siente que ha perdido algo irrecuperable; a mi parecer, había desilusionado a mi padre. Oír esa palabra, "¡Bruto!", fue suficiente para sumirme en una sensación de menosprecio y fracaso. "¡Miserable de mí!", como expresó Pablo, ¿cómo enfrentar las directrices de mi corazón lastimado? Cuando el individuo que más venero en el mundo cree que no valgo la pena. En los meses posteriores, mi capacidad de entendimiento se deterioró, hasta el punto de que mis calificaciones disminuyeron.

Mi rendimiento académico decayó, relegándome a una celda fría dentro de mis emociones. Un sentimiento inexplicable, una sensación agobiante, una emoción de tristeza que encadenó a un joven sobresaliente académicamente al cepo de la estupidez, un ungido encarcelado. Fue muy difícil para mí ser libre de esta cárcel sentimental.

Temía hacer preguntas cuando no entendía algo, por miedo a que las personas descubrieran que era "Bruto" como en aquella dura ocasión me había calificado mi Padre. Tuve muchos altibajos y malas decisiones. Busqué la admiración de personas incorrectas y permití atropellos a mi dignidad que nunca con un corazón sano hubiera permitido. Todo en búsqueda de la cancelación de aquella sentencia condicionada a mi mente producto de lo que una vez me había dicho mi Papá.

Cuando se es joven, el corazón es como tierra fértil: lo que en un adulto necesita cuidado y atención para crecer, en un joven puede brotar con solo sembrar la semilla, y no solo crece, sino que da frutos buenos o malos, según la semilla que recibió. Esto sucede porque el corazón de un niño o joven es más receptivo a las palabras que el de alguien acostumbrado a pensar detenidamente sobre lo que piensa, es decir, alguien que ha desarrollado el buen hábito de reflexionar sobre sus propios pensamientos.

No fue hasta que el Espíritu Santo iluminó mi percepción sobre esta prisión emocional que comencé a fortalecer mi autoestima de manera sana. Similar a aquel hombre poseído que, a pesar de conocer los rituales y participar en celebraciones espirituales, no era consciente de su atadura hasta que Jesús reveló lo que yacía oculto en lo más profundo de su ser. El corazón no siempre sigue una lógica clara y puede guardar emociones que no notamos.

Aunque nuestra mente puede ayudarnos a diferenciar entre lo que es bueno y malo para nosotros, cuando algo nos afecta emocionalmente, realmente necesitamos la ayuda del Espíritu Santo para entender nuestro corazón. Al tratar con otras personas, como familia, amigos o pareja, puede ser complicado manejar lo que sentimos y pensamos. Tanto es así que una persona con un propósito divino puede verse atrapada tanto emocional como espiritualmente, un tópico que profundizaré más adelante.

SENTIR ES INEVITABLE, EVITAR LA ENCARCELACIÓN IMPRESCINDIBLE

Años de estudio de este tema me han guiado a concluir que todo sentimiento que no percibes te encarcela espiritualmente. Retomemos la historia del hombre con el espíritu inmundo que abordamos al comienzo de este escrito, el pasaje nos lleva a preguntarnos ¿qué palabras o experiencias habían encarcelado a este hombre? ¿Cuál fue la grieta de acceso?¿Quién lo hirió a tal extremo que le fracturó? ¿Qué provocó que este espíritu del mal entrara en él?

Recuerdo que, hace algunos años, me invitaron a ministrar en un congreso de jóvenes. La atmósfera era plenamente espiritual; todos cantaban y participaban con fervor. Me habían informado que todos los presentes eran ya cristianos, por lo que no debía hacer llamados a la salvación. Sin embargo, esa noche, para mi asombro, una preadolescente de 13 años cayó al suelo, poseída por un espíritu maligno. Fue sorprendente, considerando que muchos de los presentes habían crecido en la iglesia y se esperaría que tuvieran una relación sólida con Dios.

Aunque ya había enfrentado situaciones similares, esta vez fue especialmente desafiante. Intenté liberar a la joven durante horas, pero sin éxito. Otros intentaron ayudar, pero tampoco lograban liberarla. Al pasar de las horas, tras orar intensamente, el Espíritu

Santo me guió a finalizar el servicio y sacar a aquello jovencita del centro de atención. Decidí llevar a la joven a la oficina del pastor con el equipo pastoral y tratar este caso de forma más cuidadosa.

En la oficina, la lucha continuó hasta que, guiado por el Espíritu Santo, pedí que trajeran al padre de la niña. Cuando él llegó, la niña mostró aún más agitación. Siguiendo una dirección Divina, le pedí al padre que pidiera perdón a su hija. Con lágrimas en los ojos, el padre exclamó: "¡Mi hija, perdóname!". En ese instante, el espíritu maligno dejó de resistirse y abandonó el cuerpo de aquella joven. ¡Ufff! Por fin terminaba aquel horrible momento para la jovencita.

Más tarde, el pastor de la iglesia me informó que la joven había sido víctima de abuso físico por parte de su padre, y que la iglesia estaba en proceso de abordar este asunto con las autoridades. Sin embargo, la pregunta que rondaba mi mente era: ¿qué le había dado acceso a ese espíritu maligno en la vida de la joven? ¿Cual fue el vinculo y como se escondio a la percepción espiritual de los hermanos que asistian a esta iglesia?

Era como este hombre anónimo que entraba y salía de la sinagoga sin cambios internos. Comprendí que ciertos resentimientos y heridas pueden ser utilizados por espiritus malignos como vínculos de acceso. Un resentimiento, convertido en amargura profunda, era el nexo que conectaba a la joven con ese espíritu que la atormentaba en silencio.

Es esencial que, en cada encuentro donde se reunen los hijos de Dios, la voz de Dios se manifieste, ya que es ella la que ilumina esos sentimientos oscuros que mantienen cautivas a las almas.

Las emociones portan un poder tremendo; algunas, si se ignoran, pueden llevar a enfermedades físicas. Aquella noche, comprendí que existen cadenas emocionales que no se desvanecen hasta que tomamos la decisión de afrontar y sanar nuestros sentimientos más profundos.

Existen cadenas emocionales que no se desvanecen hasta que tomamos la decisión de afrontar y sanar nuestros sentimientos más profundos.

El Dr. Antonio Damasio es un experto que estudia cómo las emociones afectan nuestro cuerpo. En su libro "El error de Descartes", dice que nuestras emociones y cómo nos sentimos son super importantes para tomar decisiones y para sentirnos bien en general. Aunque Damasio se enfoca en cómo funciona nuestro cuerpo con las emociones, también es interesante ver lo que la Biblia dice sobre esto. Muchos creen que gracias a Damasio entendemos mejor cómo nuestras emociones pueden influir en nuestra salud. Sus estudios muestran que hay una relación entre lo que sentimos y algunas enfermedades. Ahora, te explicaré de manera simple lo que Damasio descubrió:

Conexión entre las emociones y la salud:

• **Respuesta al estrés:** Cuando nos sentimos estresados, nuestro cuerpo produce una hormona llamada cortisol. Aunque esto es bueno en momentos de emergencia, si pasa mucho tiempo, puede causarnos problemas de corazón, hacernos subir de peso y dar problemas de estómago.

• **Sistema inmunológico:** Las emociones buenas ayudan a nuestro sistema de defensa, pero las malas lo debilitan, haciéndonos más propensos a enfermarnos y tardar más en recuperarnos.

• **Dolor crónico:** Las emociones, como sentirse deprimido o ansioso, pueden hacer que sintamos el dolor con más fuerza, haciéndolo más difícil de manejar.

• **Comportamientos asociados:** Las emociones influyen en nuestros comportamientos diarios. Por ejemplo, una persona ansiosa podría recurrir al tabaquismo como escape, mientras que alguien deprimido podría descuidar su dieta o ejercicio.

• **Salud mental:** Emociones no abordadas, como una tristeza continua, pueden llevar a condiciones más severas como depresión o trastornos de ansiedad.

Claramente, la ciencia reconoce esta conexión y, en el ámbito espiritual, nosotros tampoco deberíamos ignorarla. ¿Sabe el enemigo que, en ocasiones, una manera de poseer un cuerpo es corrompiendo sus emociones y sentimientos? ¡Sin duda, lo sabe!

En cualquier caso, no me malinterpretes; es evidente que no todas las tormentas emocionales son provocadas o utilizadas por el enemigo para poseerte. Simplemente señalo que cuando el alma no tiene su catarsis, como fue el caso de esta jovencita que mencioné anteriormente, el corazón puede volverse una prisión.

Con la expresión "catarsis del alma" me refiero a un proceso de purificación y liberación emocional, en el que una persona libera o se deshace de emociones reprimidas o traumas. Imagina que tu alma es como una botella llena de emociones y experiencias, y la catarsis sería como destapar esa botella para dejar salir todo lo que está acumulado y que podría estar causando daño o malestar. Es una forma de sanar y renovarse espiritualmente.

EL SENTIMIENTO NO ES PECADO

Ahora bien, resolvamos este enigma con nuestro "Joe Doe". El texto no formula una provocación por parte de Jesús, ni postula el simple hecho de que Jesús tuviera la iniciativa de identificarlo. En el pasaje, no es Jesús quien comienza el enfrentamiento. Según los versículos (23) y (24), en la sinagoga había un hombre con un espíritu impuro que exclamó: "¿Qué relación tienes con nosotros, Jesús de Nazaret? Conozco tu identidad: el Santo de Dios".

Esta narración sugiere que al escuchar la voz de Jesús, hubo una perturbación en el plano espiritual, como si sacudiera una prisión. Lo que probablemente incomodó al espíritu maligno en ese cuerpo fue la voz de Jesús.

Esta historia revela, aunque de manera sutil, que ciertos espacios emocionales pueden ser refugios tanto para espíritus inmundos como para sentimientos ocultos. Aunque estos dos extremos no estén directamente relacionados, pueden influenciarse mutuamente.

Uno puede estar atrapado por un sentimiento sin estar necesariamente poseído por un ente maligno (demonio), y lo mismo al revés, como se sugiere en el relato mencionado. La envidia, por ejemplo, suele ser un sentimiento que pasa inadvertido, surgiendo a veces como un susurro escondido desencadenado por percepciones, palabras, recuerdos o incluso sueños. En muchos casos, la envidia es difícil de identificar dentro de nuestras buenas intenciones porque no manifiesta señales obvias.

A diferencia de la envidia, emociones como el enojo o la cólera suelen manifestarse físicamente, ya sea frunciendo el ceño, cruzando los brazos, gritando o incluso llegando a la agresión. La envidia, por otro lado, es una agitación interna. Se asemeja a un fuego silente que, una vez que consume las intenciones nobles, se manifiesta a través de críticas, daño físico o verbal, entre otras acciones. Este sentimiento no se ve mientras se está formando, ¡se siente!, por eso se le llama sentimiento. El autor de Proverbios resalta lo difícil que es lidiar con la envidia al decir:

> *«Cruel es la furia, y arrolladora la ira, pero ¿quién puede enfrentarse a la envidia?»*
>
> — PROVERBIOS 27:4 [NVI].

Es posible que lo que estoy a punto de decir choque con algunas de tus creencias espirituales o conceptos, pero te pido paciencia. Al final de este capítulo, me habré explicado debidamente. Todos hemos experimentado, en algún momento vulnerable, cómo la envidia rasga nuestra paz con sus crueles garras de descontento.

Seguramente, cuando has sentido envidia, te has lamentado por ello. Sin embargo, permíteme consolar tu corazón diciéndote que sentir envidia, a pesar de lo que se enseña en muchos lugares, no es un pecado. El pecado reside en manifestar la envidia, no simplemente en sentirla; son dos cosas muy diferentes.

Actuar según la envidia es lo que la hace visible. Es importante entender que, aunque la envidia puede surgir en ti, en Cristo tienes el poder divino para apartar cualquier emoción o sentimiento envidioso de tu pensamiento. Al igual que no es pecado sentir ira, tampoco lo es experimentar envidia. La verdadera preocupación es si la dejamos actuar libremente. La envidia puede manifestarse de distintas maneras: copiando a otros y perdiendo tu esencia, comparándote con otros sintiéndote insatisfecho o menospreciando a aquellos que te causan envidia.

A partir de esa verdad espiritual, el Apóstol Pablo aconsejó a la Iglesia de Éfeso diciendo: "Aírate (refiriéndose al sentimiento), pero no peques (haciendo referencia a la acción)" [Efesios 4:26]. En otras palabras, lo que Pablo quiere transmitir es que es natural sentir enojo, pero

Es natural sentir enojo, pero no debemos dejar que esa emoción nos domine.
#carceldelossentimientos

no debemos dejar que esa emoción nos domine. Del mismo modo, es probable que en algún momento sientas envidia, pero en Cristo tienes la fortaleza para evitar que ese sentimiento gobierne tus acciones y emociones. He visto a muchas personas de buen corazón sentirse frustradas y atrapadas por sentimientos y pensamientos negativos hacia sí mismas por no prestar atención a sus emociones internas.

Es vital liberarte de la idea de que sentir es pecado. Nuestra capacidad de sentir está intrínsecamente ligada a nuestros pensamientos. Habrá momentos en los que ciertos pensamientos generen sentimientos inevitables. Puede que en ese instante empieces a cuestionar tu relación con Cristo o tu espiritualidad, pensando: "Si he sido transformado, ¿por qué tengo estos pensamientos?".

Incluso puedes llegar a sentirte indigno del amor de Dios. Pero creer eso sería aceptar una mentira del enemigo. Jesús enseñó a sus discípulos sobre la importancia de lo que sucede en nuestra mente. Un ejemplo de esto es cuando dijo: "el que mira a una mujer para codiciarla, ya adulteró con ella en su corazón" (Mateo 5:28). Sin embargo, es crucial diferenciar entre albergar y alimentar esos pensamientos y simplemente sentirlos y rechazarlos. En el momento en que los rechazas, la gracia de Dios te cubre.

Algunos pueden pensar: "No soy un buen cristiano porque sentí envidia cuando mi hermano tuvo éxito" o "Soy una mala persona porque deseo tener algo mejor que mis amigos". Quiero aclarar que mi intención no es justificar el sentimiento de envidia, sino más bien, llevar paz a tu mente y reconciliar tus emociones con tu espiritualidad, reconociendo que ambas están interconectadas. Ignorar esta conexión puede mantenerte atrapado en un ciclo de emociones negativas por más tiempo del recomendable.

Sentir envidia, enojo u otras emociones no te hace menos espiritual; simplemente te muestra que eres humano y vives en un mundo imperfecto. Si bien no puedes evitar sentir ciertas emociones, ¡tengo buenas noticias! Puedes decidir no ser controlado por ellas. Pedro escribe en su segunda epístola: "Porque el que es vencido por alguno es esclavizado por quien lo venció" [2 Pedro 2:19]. La batalla con tus emociones es inevitable, pero puedes elegir liberarte de ellas, ya que el propósito de Dios en Cristo es liberarnos de la prisión de nuestros sentimientos. Sentir no es el problema

En conclusión, tomemos como ejemplo la ira y la envidia. Estas son emociones que no se perciben fácilmente, pero, al igual que ellas, existen otros resentimientos ocultos en nosotros que, si no se gestionan adecuadamente, pueden tener consecuencias devastadoras.

Hay muchas personas que, buscando alivio, entran y salen de iglesias, terapias y otros lugares de apoyo emocional y espiritual; sin embargo, al igual que nuestro "Joe", muchos no experimentan cambios significativos en su situación. Si continuamos creyendo en ciertos mitos o falsas verdades sobre la espiritualidad —una en la que no existen pensamientos negativos o emociones dudosas— terminaremos atrapados por la ignorancia.

La "falta de conocimiento" es un factor crucial que puede confundir a las personas. Así lo dice Oseas 4:6: "Por falta de conocimiento, mi pueblo perece". Si bien muchos creen que este pasaje hace referencia a las escrituras y, específicamente, a la ley de Dios, esta "falta de conocimiento" también puede ser interna, refiriéndose a la falta de autoconocimiento. No comprendernos a nosotros mismos y desconocer nuestras memorias y vivencias puede resultar perjudicial.

Es esencial ser honesto consigo mismo: no nos definimos únicamente por lo que hemos sentido en tiempos recientes. No debemos postergar el momento de retomar el control de nuestras vidas. Es crucial estar al tanto de nuestro mundo interno, aprender a enfrentar adversidades incluso cuando nos sintamos débiles. Lidiar con nuestras emociones puede ser desafiante, pero la gracia de Dios permanece y puede ser nuestro as bajo la manga en este juego emocional; tu jugada maestra en el ajedrez de las emociones.

Principios a extraer y aplicar de este capítulo:

¿Qué lecciones he extraído de esto?

¿De qué manera puedo incorporar lo aprendido en mi contexto actual?

¿Cuál sería el próximo paso a seguir basándome en lo aprendido?

CÁRCEL DE LOS SENTIMIENTOS

Watch video · ESCANÉAME

Escanéa el código con tu celular
para acceder el estudio del capítulo

CAPÍTULO 2

El Efecto Mandela

ESCENARIOS ILUSORIOS Y PRISIONES

> El enemigo no puede impedirte ser bendecido, pero sí puede evitar que te sientas bendecido.

— TD JAKES

Era una espléndida mañana. El sol apenas comenzaba a iluminar la habitación a través de la ventana, y me debatía entre levantarme o seguir disfrutando de la comodidad de la cama en aquel hotel. Nunca imaginé que una llamada rompería mi tranquilidad. Mi celular sonaba insistentemente, como si una urgente noticia clamara ser transmitida. Una sensación de inquietud me embargó, y mientras movía inquietamente el pie, reconozco que no tenía ganas de ver quién llamaba, para no perturbar el placentero estado de somnolencia que sentía. "¿Qué será tan urgente?", me preguntaba.

Aún sin responder, mi pulso se aceleraba, como intuyendo el motivo de la llamada. La insistencia de aquella llamada alborotó la sincronía de mis sentidos, sumiéndome en una sensación de suspenso. —¿Será que sucedió algo malo?— Me pregunté. Sin darme cuenta, estaba siendo víctima de una conspiración. Se habían confabulado mis emociones y mi imaginación para jugarme la broma más desagradable que alguien podría hacerme... ¡Una ilusión emocional! El escenario: aquel cuarto de hotel, un hospital y la distancia como maestra conductora de aquella falsa interpretación de la realidad.

Interrumpí mi somnolencia, aclarando mi voz, y tomé valentía para responder la llamada inusual. No era costumbre de mi esposa insistir en una llamada tan temprano a menos que fuera una emergencia. Escuchar su voz sollozante fue suficiente para acelerar mi ritmo cardiaco; aunque sus palabras no brindaron información clara, su tono y la distancia me hicieron alucinar.

Cuando ella pudo componerse, me comunicó: —Mi amor, tengo un fuerte dolor en mi vientre y un inusual sangrado. Voy camino al hospital. Tú sabes que el médico me informó la vez pasada que, si esto volvía a suceder, tendría que removerme las trompas de falopio y este procedimiento acabaría con nuestra oportunidad de ser padres de forma natural.

En aquella época, mi esposa y yo llevábamos catorce años y medio con un diagnóstico de esterilidad. Recuerdo que le contesté: —Tranquila— con el típico tono del esposo, macho alfa, que ninguna noticia le conmueve, y volví a afirmar: —Dios tiene el control—. Terminé la llamada para que pudieran atenderla en el hospital. Sin embargo, fue en ese momento cuando la sugestión inicial tomó efecto. Todos los signos apuntaban a una dolorosa realidad: "Nunca serán padres".

"Las dudas comenzaron a intensificarse y en mi mente predominaba la imagen del ginecólogo con el sonograma en mano. Era angustiante escuchar una y otra vez su voz diciendo: —Jamás serán padres de manera natural—. Muchos pensamientos perturbaban mi tranquilidad. Aquella voz que antes me calmaba, recordándome las promesas de Dios para mi vida, ahora parecía distante e insensible. ¿Y si en realidad Dios nunca me habló? ¿Será que esta esperanza es simplemente una ilusión impulsada por nuestro deseo de ser padres?

Esa voz me asfixiaba, desafiando mi fe y sumergiéndome en un abismo de incertidumbre y cuestionamientos. ¿Por qué Dios concede hijos a quienes no los valoran? ¿No he sido lo suficientemente fiel a Él, esperando catorce años sin obtener respuesta? ¿Dónde están todas las palabras proféticas que me fueron dadas? Estos pensamientos, que no parecían originarse en mi ser, eran guiados por una influencia externa.

Alguien mencionó alguna vez: "Hay que ser muy valiente para caerse y no hacer ruido al quebrarse". Es difícil vivir esta experiencia y no contar con alguien a quien confiarle sin que cambie su percepción sobre ti. Me refiero a un agobiante momento en el que lo que parecía real simplemente no lo era, similar a una ilusión o un espejismo en el desierto.

Una ilusión en la que la interpretación de tu realidad está dominada por la desesperación de tus sentimientos. ¿Por qué es tan relevante la emoción? Porque son los sentimientos los que generan una percepción distorsionada, creando un escenario ficticio en complicidad con tu imaginación. Son ellos quienes redactan el guion de la película que tu imaginación proyecta. Y, al mismo tiempo, es tu carácter el que determina cómo reaccionarás ante las sugerencias de tu imaginación y tus emociones. ¡Es como un efecto Mandela!

Pese a esos pensamientos, esa mañana me correspondía dar un sermón. Debía hablar sobre sanidad mientras mi esposa estaba sola en esa clínica; debía mencionar la fe cuando la mía parecía desvanecerse. Nuevamente, debía dejar mis emociones a un lado y cumplir con mi deber, porque eso es lo que debe hacer un ministro, ¿verdad?

Una vez concluido el evento, el reloj avanzaba sin piedad. La espera se volvía una tortura, ya que las horas pasaban sin noticias de mi esposa. El teléfono sonó, interrumpiendo mi agonía. En lugar de agitar mi ya turbada paz, anticipaba situaciones que había previsto en mi mente. Al levantar el auricular, escuché una voz entrecortada por sollozos. Mis emociones me inundaron y las palabras de Job resonaron en mi mente: "Lo que temía me ha llegado" (Job 3:25). Pasaron cinco eternos minutos hasta que mi esposa pudo hablar claramente, y esos minutos se sintieron como una eternidad.

Cuando finalmente pudo hablar, me anunció: —¡Enhorabuena! Serás padre. Estaba en shock, y le pregunté si estaba segura. No es que dudara del milagro, sino que, tras imaginar tantos escenarios, estaba abrumado y no distinguía entre lo real y lo imaginario. ¡El milagro que había esperado durante casi quince años se había realizado!

Lloré, reí y compartí mi alegría como si hubiera logrado mi mayor deseo, pero un temor latente me inquietaba, algo que solo compartiré aquí. Ese temor intentaba opacar mi felicidad, pues sabía que, debido a la situación de mi esposa, se le había advertido sobre el riesgo de perder al bebé. Su diagnóstico era amenaza de aborto, y una voz interna me advertía: "No te alegres demasiado, algo podría truncar esta felicidad en cualquier momento".

"EL EFECTO MANDELA": DISCERNIENDO LA MANIPULACIÓN DE NUESTROS SENTIMIENTOS

¿Alguna vez te has sentido así? Me refiero al momento en que finalmente llega la bendición, ocurre lo que habías estado esperando, pero en lo profundo, como si se escondiera en un rincón oculto de la mente, surge ese miedo a perderlo todo.

Me refiero a ese momento en que adquieres la casa con la que siempre soñaste y una inquietante duda en tu mente te cuestiona: "¿Y si en algún momento no puedes continuar con los pagos?". O cuando finalmente inicias una relación con alguien que parece perfecto para ti, pero un eco incesante en tu interior murmura: "No te confíes demasiado, esta felicidad podría terminar pronto".

Es como un dardo de fuego del maligno, que te susurra: "No te alegres demasiado, podrías perderlo en cualquier instante". Muchos se sorprenderían al saber que un ministro de fe, como yo, enfrentó tanta incertidumbre emocional. Es probable que esta manipulación de mis emociones y percepciones también fuera el resultado de lo que culturalmente se me había inculcado.

Todavía recuerdo aquella frase de mi abuela: "No te rías tanto, que algo malo te puede pasar". Esto creaba una predisposición hacia lo negativo y me condicionaba a esperar lo peor, como si todo lo bueno que llegaba a mi vida estuviera siempre al borde del precipicio, listo para romperse.

Tras leer esto, de seguro, alguien podría confrontarme y preguntarme: ¿Dónde estaba tu fe? ¿Cómo osas predicar algo que en ese momento no sentías? Tal vez algunos me reprendan, acusándome de negligencia espiritual. Sin embargo, ¡no! Permítame mostrarle una perspectiva más profunda. Solo era un joven ante una realidad distorsionada, como si estuviera atrapado en un bucle del "efecto Mandela". De esto se trata, hasta que punto puedes ser fiel, aferrarte a tus convicciones y mantener tu compromiso, aunque tus emociones esten en ruinas.

¡FALSOS RECUERDOS! ¡REALMENTE, ESTO NO ME HABÍA PASADO ANTERIORMENTE!

¡No me malinterpretes! Hay momentos en los que descansar y reorganizarse es necesario. Me refiero a esos instantes en los que, aunque por fuera solo parece lloviznar, por dentro sientes un huracán. Es cuando los sentimientos de temor e inseguridad te invaden al punto de sentirte ansioso, y todos los desenlaces que anticipas no son nada prometedores.

Es como estar atrapado en un bucle, un multiverso en el que tu versión alternativa ha fracasado y has presenciado todos los finales posibles. Es similar a lo que le sucedió a Jacob con la túnica manchada de sangre, desencadenando sentimientos y emociones que jamás imaginaste sentir.

Estar encerrado en un bucle del "efecto Mandela" es como navegar por una distorsión en la percepción de la historia. Este fenómeno, nombrado en 2010 por la escritora Fiona Broome, se refiere a cuando grupos de personas recuerdan de manera incorrecta un evento histórico.

Un ejemplo emblemático es cómo muchos recordaban haber visto noticias sobre la muerte de Nelson Mandela en la década de 1980, cuando en realidad falleció en 2013. Aunque es un caso atípico, evidencia cómo la memoria humana y su imaginación pueden ser engañosas. Este efecto, aún no del todo comprendido, ha atraído la atención de psicólogos y expertos en neurociencia. Lo que es irrefutable es el hecho de que nuestra mente puede construir falsos recuerdos y vincularlos a emociones.

Para entender la manera en que procesamos nuestros recuerdos, es esencial diferenciar entre emociones y sentimientos. Según el Diccionario de la Real Academia Española (RAE), el término "emociones" se deriva de las palabras latinas "emotio" y "emotionis", que aluden a un estado anímico influenciado por percepciones, pensamientos o remembranzas, y que comúnmente se manifiestan a través de acciones y gestos.

También tiene una raíz en "ex-movere", que significa "mover hacia fuera". De acuerdo con el RAE, las emociones son alteraciones intensas y temporales en nuestro ánimo, ya sean agradables o no, y generalmente vienen acompañadas de una reacción física. Estos conceptos nos brindan una visión más clara de cómo nuestros sentimientos y recuerdos interactúan, y cómo ambos pueden estar sujetos a influencias y malinterpretaciones.

La palabra "emoción" viene de 'emovere', que significa "mover desde". Esto nos da la idea de que una emoción es algo que nos saca de nuestro estado normal y nos hace actuar de manera diferente.

Por otro lado, "sentimiento" tiene varios significados. Según el diccionario Wordreference:

1. Es lo que sentimos en el alma después de vivir algo especial.
2. Es una corazonada, como cuando pensamos "algo no está bien aquí".
3. La parte del ser humano que se contrapone a la lógica o el intelecto.
4. Una respuesta emocional intensa provocada por eventos o situaciones impactantes.

Los diccionarios nos muestran que emociones y sentimientos no son exactamente lo mismo. Básicamente, un sentimiento es lo que sientes internamente, como la alegría, el amor o la tristeza, sin que necesariamente lo demuestres hacia fuera. En cambio, una emoción es cómo reaccionas y muestras esos sentimientos. Por ejemplo, si sientes alegría internamente pero no haces nada al respecto, es solo un sentimiento. Pero si sonríes o ríes debido a esa alegría, estás mostrando una emoción. La palabra "emoción" viene de "mover" y "acción", lo que sugiere que una emoción es un sentimiento en movimiento o acción.

El reconocido investigador de emociones, Dr. Candace Pert, una vez comentó: «Al principio, pensé que las emociones se alojaban principalmente en el cerebro. Sin embargo, ahora creo que se manifiestan en todo el cuerpo». No vivimos una emoción únicamente en nuestra "mente" o "corazón". De hecho, las percibimos mediante reacciones químicas que suceden en el cuerpo y el cerebro, afectando tanto a órganos grandes, como el corazón y el estómago, como a nivel celular.

Es esencial ser conscientes y manejar adecuadamente nuestros sentimientos, tanto positivos como negativos, ya que tienen un impacto en nuestro estado anímico y en nuestra relación con Dios y su enseñanza. Estos sentimientos, al influir en nuestra alma, a veces pueden afectarnos de formas que no anticipamos, bien sea fortaleciéndolos o desvaneciéndolos de nuestra esencia.

Este concepto es similar al que el salmista planteaba: "¿Quién es consciente de sus fallos? Protégeme de las faltas que no veo" (Salmos 19:12 VLA). El salmista deja en evidencia que a menudo ocurren cosas en nuestro interior que nuestra naturaleza humana no logra captar; pasan inadvertidas bajo nuestro radar moral. La única manera de reconocerlas es a través de la revelación divina, como discutimos en el capítulo anterior.

En consonancia con esto, la Escritura señala: «Pero el hombre natural no acepta las cosas del Espíritu de Dios, pues para él son locura; y no las puede entender, porque se discernen espiritualmente [1 Corintios 2:14 RVR1960].» Es evidente que existen procesos internos que inician como simples sentimientos y terminan manifestándose en acciones descontroladas y vergonzosas.

A veces, albergamos ilusiones en el alma que se asemejan a la teoría del "efecto Mandela"; estas producen impresiones de eventos que nunca ocurrieron, siendo simplemente escenarios creados por nuestra mente, una suerte de "Túnicas ensangrentadas" como lo experimentó Jacob. Aunque pensamos que esas memorias son reales y tratamos de explicarlas, en realidad, son solo ideas de nuestra cabeza y no cosas que realmente pasaron.

LA PRISIÓN DE LA SUPOSICIÓN, PILAR DEL EFECTO MANDELA

Al analizar nuestra naturaleza, es evidente que somos susceptibles a ser influenciados por estímulos, ya sean emocionales o sentimentales. Frecuentemente, el desafío más grande es enfrentarnos a nosotros mismos. ¡Sí, así es! El mayor reto radica en confrontar nuestro propio corazón. Si no tomamos consciencia de nuestras emociones y sentimientos, podemos ser víctimas de engaños internos.

A este tipo de autoengaño lo denomino "ilusiones emocionales, falsos recuerdos y espejismos sentimentales". Surge cuando nos dejamos arrastrar por influencias externas, son esas "túnicas ensangrentadas" que desequilibran nuestro estado interno. Es como si creyéramos firmemente que algo es verdadero, cuando en realidad es solo un espejismo emocional o una manipulación debido a cierta circunstancia.

El relato bíblico del patriarca Jacob (Israel) ejemplifica de manera nítida lo que quiero comunicar. La angustiante vivencia de Jacob frente a una falsa impresión emocional muestra cómo una memoria o imagen errónea puede cambiar nuestra comprensión de lo real, algo parecido al "efecto Mandela". Hago alusión al momento en que José, hijo de Jacob, fue vendido y traicionado por sus propios hermanos.

Veamos lo que narra la escritura:

"Cuando Rubén regresó al pozo y vio que José no estaba, rasgó sus ropas en señal de duelo. Volvió donde sus hermanos y exclamó: '¡El muchacho ha desaparecido! ¿Y ahora qué haré?' Sin demora, los hermanos cogieron la túnica distintiva de José, sacrificaron un cabrito y empaparon la túnica con su sangre. Luego la mandaron a su padre con el siguiente mensaje: «Encontramos esto. Fíjate bien si es o no la túnica de tu hijo». En cuanto Jacob la reconoció, exclamó: «¡Sí, es la túnica de mi hijo! ¡Seguro que un animal salvaje se lo devoró y lo hizo pedazos!» Y Jacob se rasgó las vestiduras y se vistió de luto, y por mucho tiempo hizo duelo por su hijo. Todos sus hijos y sus hijas intentaban calmarlo, pero él no se dejaba consolar, sino que decía: «¡No. Guardaré luto hasta que descienda al sepulcro para reunirme con mi hijo!». Así Jacob siguió llorando la muerte de José.»

— GÉNESIS 37:29-35 NVI

Al analizar el texto detenidamente, notamos que los hijos de Jacob nunca declararon que una bestia había devorado a José. Jacob, al enfrentarse a la escena que le mostraron, una túnica ensangrentada, cayó en lo que podría compararse a un "Efecto Mandela", en donde una imagen no vista previamente se materializaba en su imaginación.

¿Quién mencionó que una bestia había devorado a José? ¡Nadie! Simplemente le mostraron una parte de la túnica ensangrentada de José. Así, Jacob quedó atrapado en un ciclo similar al que produce el "Efecto Mandela", una ilusión de las emociones o un falso recuerdo.

Jacob pensó que José estaba muerto, pero en realidad no lo estaba. Se puso muy triste y decía que nunca olvidaría esa tragedia, como si quisiera llevarse esa memoria a la tumba. Ese dolor hizo que Jacob solo pensara en lo que había perdido, y no en lo que todavía tenía. Nadie le dijo directamente que una bestia se había llevado a José, simplemente montaron el escenario, distorsionaron su realidad y dejaron que él sacara sus propias conclusiones.

En ocasiones, nuestro adversario, Satán, puede orquestar escenarios similares, dejando nuestra interpretación de la realidad a merced de nuestra imaginación. Reflexionemos juntos: ¿Cuál fue el obstáculo más grande que enfrentó Jacob? Sin duda, fue asumir. Asumir es inferir algo basándose en ciertos indicios. Es atribuir una realidad ficticia a algo que en verdad no la tiene, por lo que algo puede parecer de una manera, pero no ser realmente así.

¿Te ha pasado que piensas algo que no es cierto? Es como cuando llegas a la iglesia y ves a dos hermanos en la fe conversando, pero de repente se quedan en silencio justo cuando te acercas. Empiezas a pensar: ¿Estarán hablando de mí? ¿Huelo mal? ¿Acaso mi ropa no luce bien? Sin embargo, en realidad, no estaban hablando de ti. Fue simplemente una coincidencia. Esa circunstancia pone en tu mente ideas equivocadas, y sin darte cuenta empiezas a sentir resentimiento hacia esos hermanos, lo que afecta tu verdadera conexión y relación con ellos.

Un ambiente distorsionado y una percepción errónea pueden atraparnos en el llamado efecto Mandela. Hay momentos en los que reaccionamos rápidamente ante una situación, y luego nos damos cuenta de que no era tan seria como pensábamos. Estas distorsiones emocionales son peligrosas porque pueden llevarnos a tomar decisiones con graves consecuencias. Decisiones que pueden sumergirnos en la depresión o el desánimo, llegando al extremo de perder las ganas de vivir o de asistir a una Iglesia.

Hollywood, con su habilidad artística, sabe lo susceptibles que somos a los estímulos sensoriales. Por eso, moldea con destreza nuestra percepción y visión de la realidad. En sus películas, manipulan lo que vemos de tal forma que parece real, aunque solo estén

> Un ambiente distorsionado y una percepción errónea pueden atraparnos en el llamado efecto Mandela.

cambiando la escenografía ante nuestros ojos. Así, un estudio de grabación puede convertirse en el frío Monte Everest o un simple juguete en el imponente puente Golden Gate de San Francisco. De la misma forma, Satán altera los escenarios de nuestra vida para hacer que lo falso parezca verdadero, distorsionando nuestra percepción y nuestra comprensión de la realidad.

Aquellos que no han fortalecido su entendimiento con la sabiduría de la Biblia y una base emocional espiritual sólida, pueden ser susceptibles a estas engañosas ilusiones. Para afinar nuestro discernimiento, es crucial reflexionar: ¿Cómo podría el enemigo estar tergiversando mis percepciones, perspectivas o realidades para llevarme al error? Tal y como está escrito: "No ignoramos las maquinaciones del diablo" (2 Corintios 2:11).

Siguiendo esta línea de pensamiento, si considerara mi propio punto de quiebre, ¿cómo me autodestruiría? ¿Dónde residen mis debilidades? ¿Bajo qué circunstancias podría ser más vulnerable? Conocer nuestras áreas de riesgo y las posibles maneras en que nuestros sentidos y percepciones pueden traicionarnos es esencial para nuestra constante batalla con los aspectos oscuros de nuestra naturaleza pecaminosa.

Comprender nuestros puntos vulnerables es crucial, sobre todo al enfrentarnos a situaciones engañosas y barreras invisibles que pueden distorsionar nuestra visión.

ESCENARIOS ILUSORIOS Y PRISIONES INTANGIBLES

Entender nuestras áreas de riesgo es esencial, especialmente cuando nos enfrentamos a escenarios ilusorios y prisiones intangibles que pueden nublar nuestra percepción. **Permítame ilustrar esto con algunos ejemplos:**

1. **Recuerdos Distorsionados:** A veces, nuestro cerebro altera recuerdos según nuestras emociones y experiencias actuales. Podemos recordar eventos pasados como más negativos o positivos de lo que realmente fueron, creando una realidad ilusoria que afecta nuestra percepción del presente.

2. **Miedo al Rechazo:** Este miedo puede crear escenarios ilusorios en nuestra mente, donde asumimos lo peor de las situaciones sociales. Imaginamos que otros nos juzgan o nos critican, cuando en realidad, pueden estar ocupados con sus propios pensamientos y preocupaciones.

3. **Autoengaño:** A veces, para proteger nuestra autoestima o evitar enfrentar verdades dolorosas, creamos versiones alteradas de la realidad en nuestra mente. Negamos evidencias, justificamos errores y nos convencemos de creencias que están lejos de la realidad.

4. **Prisiones de Estancamiento:** Imagina un río cuyas aguas parecen haberse detenido, volviéndose estancadas y opacas. Tal vez sientas que tu vida, ya sea en la iglesia, en tu empresa o en cualquier otro proyecto, está en esta situación: atrapada sin movimiento aparente. Pero, como en la naturaleza, incluso en los ríos más calmados hay corrientes subterráneas activas. Es posible que estés avanzando en formas que todavía no percibes.

5. **Escenarios de Desamor:** Piensa en un jardín donde, no importa cuánto lo cuides, nada parece florecer.

Puede parecer que tus relaciones siempre están condenadas a desvanecerse. Sin embargo, no olvides que, tras el más frío de los inviernos, siempre llega la primavera, llevando consigo nuevas oportunidades de crecimiento y renovación.

6. **Escenarios de Soledad:** Es como encontrarse solo en medio de un vasto océano. Podrías sentir que estás irremediablemente solo, que nadie puede entender lo que atraviesas. Pero, en ese mismo horizonte que te parece desolado, podrían haber embarcaciones, o en este caso, personas dispuestas a ser compañía, solo si te permites reconocerlas.

7. **Escenarios de Incertidumbre:** Imagina un laberinto confuso, sin indicación de una salida. Podrías creer que siempre te encontrarás perdido, atrapado en tus inseguridades. Pero cada paso, incluso si parece en círculos, te lleva más cerca de la salida. Aunque sientas que tus fallos te definen, la oportunidad para el crecimiento y la evolución es constante. Solo es cuestión de adaptar tu visión y estar dispuesto a explorar caminos diferentes.

Estos ejemplos demuestran cómo nuestras propias interpretaciones pueden distorsionar la realidad, construyendo muros y escenas en nuestra mente que, aunque no son tangibles, afectan profundamente nuestro estado emocional. Es crucial identificar estas distorsiones y esforzarse por ver con claridad.

LAS ARTIMAÑAS DEL ADVERSARIO

El adversario, el Diablo, es consciente de nuestra susceptibilidad a la sugestión a través de los sentidos, y a veces prepara situaciones para obstaculizar nuestro camino en Dios y arrastrarnos hacia espejismos emocionales. Observemos el sentimiento que este patriarca experimenta al decir: "Descenderé enlutado hasta el Sheol" o sea, llevaré este dolor hasta la tumba.

La Biblia a veces se abstiene de llamar a Jacob como Israel (su nombre después del pacto, que significa "Príncipe de Dios"), y en su lugar opta por usar "Jacob", su nombre antes del pacto. Esta elección resalta que el comportamiento de Jacob en ese momento se asemeja más a su antiguo yo. Él actúa desde su pasado, como si estuviera buscando redimir sus faltas, en lugar de moverse en la identidad de portador del pacto divino.

La fidelidad de Dios y su promesa perduran de generación en generación (Salmo 105:8). Jacob se confundió sobre el simbolismo de la túnica; no era un presagio de muerte, sino un recordatorio del pacto de Dios con Abraham y su descendencia. Posteriormente, Dios establecería la ofrenda de un cabrito en honor a ese pacto. Cuando actuamos sabiendo que llevamos en nosotros una promesa divina, nos mantenemos firmes en la fe de que Dios obrará, sin importar los obstáculos que enfrentemos.

¿CÓMO INTERPRETAMOS EL MUNDO A NUESTRO ALREDEDOR?

Cuando actuamos sabiendo que llevamos en nosotros una promesa divina, nos mantenemos firmes en la fe de que Dios obrará, sin importar los obstáculos que enfrentemos.

Ahora, podrías preguntarte: ¿Por qué nos pasa esto? Bueno, según investigaciones, los seres humanos respondemos de manera distinta a diferentes estímulos sensoriales. Nuestros sentidos tienen diferentes niveles de influencia en nuestra percepción del mundo: vista (55%), oído (18%), olfato (12%), tacto (10%) y gusto (5%).

Es curioso observar que, aunque nos nutrimos físicamente a través de la boca, es mediante nuestros ojos y oídos que alimentamos principalmente nuestras emociones y pensamientos, en base a lo que vemos y escuchamos. Aunque en el próximo capítulo profundizaré en el impacto del sentido del oído, es esencial destacar primero el sentido de la vista, ya que este representa el 55% de nuestra interpretación del entorno. Para una comprensión más profunda y saludable, es crucial definir y entender qué significan "percepción y exposición" y cómo estos conceptos nos afectan en nuestra vida diaria.

PERCEPCIÓN

La percepción es cómo nosotros, los seres humanos, captamos e interpretamos la información del mundo que nos rodea. Es cómo seleccionamos, estructuramos e interpretamos las señales del entorno para formarnos una imagen clara y significativa de nuestro alrededor. Para que esta percepción se forme, necesitamos estar expuestos a un estímulo externo, prestarle atención y luego interpretarlo, lo que a su vez potencia y mejora nuestra capacidad de percepción.

EXPOSICIÓN

Sucede cuando un estímulo entra en el alcance de nuestros sensores nerviosos y se procesa en nuestra mente. Durante esto, se desencadenan varias respuestas en nuestro interior. La sensación es la reacción directa e inmediata de nuestros órganos de percepción ante un estímulo. Estos órganos (como los ojos, oídos, nariz, boca y piel) son los encargados de recoger la información sensorial.

Todo lo que permites que te impacte, ya sea de forma positiva o negativa, controla cómo experimentas y percibes lo que sucede en tu vida. Es fundamental ser consciente de lo que alimentas con tu mirada y lo que escuchas. Tómate un momento para reflexionar sobre qué cosas o situaciones podrían distorsionar tu percepción de las verdades divinas, o dicho de otra manera, descubre cómo podrías estar haciéndote daño sin darte cuenta.

TU PUEDES VENCER EL EFECTO MANDELA

Mientras Jacob lloraba por la supuesta muerte de un hijo, Dios estaba en Egipto trabajando para elevar a José ante el Faraón. Dios estaba usando a José como herramienta para cumplir la promesa hecha a Abraham. Las emociones, alineadas con el

Espíritu Santo y las Escrituras, pueden ser un filtro para tus percepciones.

Por desalentadora que pueda parecer la situación, no estás solo. Quizás sientes que los miembros de tu iglesia no te buscan o que tu líder espiritual no muestra interés en cómo te sientes, pero recuerda que la soledad es una ilusión perceptiva. Dios está a tu lado, así que rechaza cualquier pensamiento que insinúe lo contrario. Enfrenta tu situación con valentía y fe, sabiendo que esto también pasará.

Lo que estás viviendo en este momento no limita ni detiene el propósito divino en tu vida. Es posible que una voz te haya tratado de decir que estás destinada a fracasar en el amor siempre, que no eres suficiente y morirás así. ¡No te resignes a aceptar esa mentira! ¿Qué te ha dicho Dios? ¡Hey! Vamos, no te distraigas con tu teléfono. Te pregunto otra vez: ¿Qué te dijo Dios que haría contigo?

Te escribo con una convicción profunda, como alguien que ha vivido y superado estas batallas. Los temores que compartí al comienzo de este capítulo se disiparon gracias al "poder del cumplimiento divino". Hoy, mi hijo es un niño saludable y cada día agradezco por este regalo. Si Dios pudo obrar en mi vida, confía en que también lo hará en la tuya.

No puedo predecir cómo, y no quiero alimentar expectativas infundadas, pero tengo la certeza de que Dios está obrando en tu vida, incluso si no puedes verlo directamente. No vale la pena permanecer atrapado en la desesperación del efecto Mandela. Fortalece tus emociones y renueva tu esperanza, porque Dios actúa tras bambalinas, en lugares que quizás no puedes ver a simple vista.

Para finalizar, te propongo un ejercicio de introspección profunda. Enfréntate a ti mismo con la mayor sinceridad. Esta reflexión nos brinda la oportunidad de identificar y combatir nuestras verdaderas luchas, protegiéndonos de caer en las trampas de nuestras distorsiones mentales.

Si al dar el paso te das cuenta de que te falta valentía para actuar o te sientes indeciso sobre qué camino tomar, te animo a que no te encierres en ti mismo. En este momento crucial, busca el consejo de alguien con sabiduría espiritual que pueda guiarte y apoyarte. ¡Muy bien! saltemos entonces de la teoría a la práctica.

Para ayudarte en este viaje introspectivo, te ofrezco el siguiente mapa del corazón:

1. Estado Actual:
En este preciso instante, ¿cómo te sientes?
Respuesta:
"Me siento _____."

2. Máscaras Emocionales:
A pesar de lo que sientes, ¿cuál es la expresión o imagen que proyectas hacia los demás?
Respuesta:
"El rostro que le muestro a los demás es _____."

3. Tus Temores:

A menudo, hay temores subyacentes que afectan nuestras acciones y percepciones. Identifica ese miedo.

Respuesta:

"Tengo miedo a _____."

4. Vulnerabilidad:

Cada uno de nosotros tiene áreas donde nos sentimos más vulnerables o susceptibles. Identifica la tuya.

Respuesta:

"Creo que el área en la que estoy vulnerable es

_____."

5. Reflejo de Otros:

A veces, lo que nos irrita o molesta de los demás puede ser un reflejo de algo interno.

Respuesta:

"Lo que me molesta de los demás es _____."

6. Percepciones Ajenas:

¿Alguna vez te has preguntado qué imagen tienen los demás de ti?

Respuesta:

"La gente piensa de mí _____."

7. Tu Verdad:

Ahora, contrasta esa percepción con tu propia realidad y esencia.

Respuesta:

"Pero en realidad, soy _____."

8. La imagen Divina:

¿Qué Dios te ha dicho?

Respuesta:

"Dios ha dicho _____."

Habla con alguien en quien confíes para que te ayude a procesar los sentimientos que estas preguntas puedan haber despertado en ti. Y, sobre todo, recuerda que, independientemente de lo que hayas descubierto, ¡Dios cumplirá su propósito en tí!

CÁRCEL DE LOS SENTIMIENTOS

Watch video

ESCANÉAME

Escanéa el código con tu celular
para acceder el estudio del capítulo

CAPÍTULO 3

Transformando los Mantos del Destino

ENTRE BARROTES Y HERIDAS INVISIBLES

> La emoción que puede romper tu corazón es a veces la misma que lo sana.
>
> — NICHOLAS SPARKS

El verdugo cargaba la soga que anunciaba la pena de muerte. En esta circunstancia, la utilidad de aquella soga, no sería uncir los bueyes o enlazar los troncos de una carreta. Ahora era la pieza que empezaría el cobro de una venganza y la desdicha de una madre.

—¿Por qué mis hijos?— gritó la mujer.

—¡Tomen mejor mi vida!—

Insiste en rogar, pero sus gritos de dolor no servían de nada mientras los soldados le arrebatan una extensión de su propia vida... sus hijos. En cambio, la respuesta de su clamor fueron dos cuerpos muertos colgados como reses zarandeadas por moscas en una carnicería.

¿Te imaginas tener que presenciar la ejecución de tus propios hijos? Ahora la deshonra y la desdicha serían sus acompañantes durante la noche y el día. Las emociones están a plena flor de piel. No sabe si llorar de ira o maldecir por tristeza. No golpearon su rostro pero ultrajaron su corazón, no tiene hematomas, aún peor, posee una herida invisible en el alma.

¿Quién la podrá consolar? Cuando el orden natural dictamina que son los hijos que verán morir a sus padres y no los padres a sus hijos. Un impulso interior le anima a no rendirse ante la fatalidad de su suerte. Una emoción erupta como volcán en sus entrañas, como un desquicio que no le deja retroceder y le recuerda que es una piedra encendida en fuego.

Y se dice a sí misma:

—¡No abandonaré a mis hijos, aunque en el intento me cueste la vida!—

Pues todo lo que nace en las emociones evoluciona a la razón.

Esta historia la podemos ver reflejada en el corazón del antiguo testamento, entre venganzas y ejecuciones rituales, está el conmovedor relato de una madre desconsolada llamada Rizpa [2 Samuel 21], cuyo nombre en hebreo significa "Piedra encendida en fuego o carbón encendido en fuego". Sequía y hambruna azotaron a Israel durante tres años. Es por tal razón que el rey David consulta a Dios, quien responde que sobre Saúl y su casa recae la culpa de un derramamiento de sangre injusto y un quebranto de pacto, dado que había roto su promesa matando a los gabaonitas. David le pregunta a los gabaonitas cómo podrían ser vengados.

Todo lo que nace en las emociones evoluciona hacia la razón, y esto termina definiendo tu identidad

#carceldelossentimientos

Tras un breve debate, piden que siete de los hijos de Saúl sean condenados a muerte. Por desdicha, el rey David decide entregar a los dos hijos de Rizpa y a cinco hijos de Merab (según la versión Peshita) para ser sometidos a una muerte espantosa. Es aquí donde Rizpa entra activamente en la historia. «Tomó una tela de cilicio, y la extendió para sí sobre una roca» (2 Sam. 21:10). Ella no permitió que las aves de rapiña de día, ni las bestias salvajes por la noche contaminaran, según la ley (Lev. 21), los cuerpos de sus hijos y de los hijos de Merab. Rizpa se mantuvo firme frente a los cuerpos de sus hijos sin tregua, desde el principio de la ciega hasta el final de la siega de la cebada (Un aproximado de tres semanas).

¿Qué impulsó a una mujer solitaria a decidir no rendirse ante semejante tragedia? Cualquiera en su lugar tendría motivos para rendirse y nadie la culparía. ¿Habrá logrado transformar su energía emocional a su favor? ¿Cómo logró evadir sus heridas invisibles en el alma? Ciertamente, todo lo que nace en las emociones evoluciona a la razón y Rizpa, representa un buen ejemplo de esto. Algunos expertos en el campo de la conducta humana que coinciden en la creencia de la existencia del alma, ubican en la misma la voluntad y las pasiones.

Expertos en el tema argumentan que el alma está compuesta por tres aspectos principales: la cognición (pensamientos), las emociones y la voluntad (decisiones). Entonces, si nuestras decisiones provienen del alma, ¿cómo podemos tomar las decisiones correctas cuando nos sentimos devastados por dentro? ¿Cómo mantener la calma y ser racionales cuando nuestras almas están aprisionadas por heridas que no se ven?

Como lo expresa Proverbios: "El espíritu humano puede resistir ante la enfermedad física, pero ¿cómo puede enfrentar un espíritu roto?" (Proverbios 18:14, NTV). ¿Quién no ha sido tentado por el dolor, la melancolía o los celos? ¿Cómo consolar el profundo dolor de una madre tras perder un embarazo? ¿O el corazón roto de unos padres al descubrir que los persistentes dolores de cabeza de su hijo son causados por un tumor canceroso? ¿O la cruel sensación de ser rechazado?

Frente a las adversidades y giros inesperados de la vida, es esencial aprender y practicar la habilidad de adaptar y transformar nuestras emociones. Nos resta entrenarnos en el útil ejercicio de evolucionar nuestras emociones, pues toda experiencia de vida que no transformas, la transfieres, y por lo general los más perjudicados son aquellos que te rodean. Cualquier vivencia que no procesamos adecuadamente, la proyectamos, y generalmente, los más afectados son quienes nos acompañan en nuestro día a día.

¿Quién no ha sentido el aguijón de la traición? Al mencionar "traición", es probable que inmediatamente pienses en aquellos cercanos a ti, amigos o familiares. Pero, ¿cómo reconciliarte contigo mismo cuando sientes que el propio destino te ha fallado?

Debemos entrenarnos en el útil ejercicio de evolucionar nuestras emociones, pues toda experiencia de vida que no transformas, la transfieres

Cuando parece que el universo entero ha saboteado tus aspiraciones y sueños. Me refiero a esas circunstancias difíciles de enfrentar y entender, a pesar de no haber hecho nada para merecerlas. En esos momentos donde parece que hasta la divinidad y su propósito te son adversos, dejando tu espíritu en un mar de incertidumbre.

En la Biblia, Job nos da un vistazo a su lucha interna con estas palabras: "Aunque soy inocente, Dios ha negado mis derechos. ¿Acaso debo negar la verdad que conozco? Mi dolor es profundo, y no he cometido ningún error. ¿Existe alguien como Job que, enfrentando la burla, la absorba como si fuera agua?" (Job 34:5-7 Paráfrasis).

¿Quién no lleva consigo una cicatriz en lo más profundo de su ser, producto de la incertidumbre? ¿Quién no ha sentido el dolor agudo de esperar la intervención divina y cuestionarse su justicia? A menudo, las personas actúan impulsivamente, y más tarde buscan justificaciones para sus acciones, intentando dar sentido a lo que en el momento parecía irracional.

Me refiero a esas lesiones ocultas que, en silencio, se anidan en nuestro ser. Son una suerte de cicatrices ocultas que yacen escondidas en las profundidades de nuestra alma. Son como grietas en el alma que, al ser tocadas por las adversidades de la vida, pueden hacer que los pilares de nuestra alegría se derrumben. El Salmo 44:21 nos da una visión sobre esto al decir: «Dios conoce los secretos de cada corazón» (NTV).

Sin desear errar en la interpretación estricta de la Biblia, las Escrituras nos brindan una ventana a esos rincones ocultos del corazón, sugiriendo que sólo podemos explorarlos plenamente con la guía de Dios a través de su Espíritu Santo. Como bien indica en Jeremías: «Yo, el Señor, sondeo el corazón y pruebo los pensamientos, para dar a cada uno según sus caminos, según el fruto de sus obras» [Jeremías 17:10 NTV].

En sintonía con esto, está escrito: «Porque ¿quién de los hombres sabe los pensamientos del hombre sino el espíritu del hombre que está en él?» [1 Corintios 2:11 LBLA]. Existen profundidades y áreas misteriosas dentro de nuestro ser que solo se revelan cuando se encuentran en la intersección de tres situaciones: la crisis, el consuelo y la confrontación con el Espíritu Santo.

HERIDAS INVISIBLES

Desde el inicio de este libro, he dirigido nuestra atención hacia el corazón, buscando ilustrar que todas nuestras acciones, incluida nuestra relación con Dios, están profundamente vinculadas a nuestros sentimientos y emociones. Así, surge una pregunta esencial: ¿Interpretamos el mundo que nos rodea a través de la lógica o del corazón? ¿Esto quiere decir que la forma en que sentimos el dolor o los problemas depende de cómo los vemos? Creo que sí, en gran parte.

Nuestra existencia, diseñada por Dios, se compone de momentos cruciales. Tomemos como ejemplo el embarazo, que representa un período de profundo cambio en la mujer. A pesar de las alteraciones físicas y las consecuencias que estas conllevan, la expectativa de una nueva vida creciendo en su interior permite a la mujer adaptarse e incluso encontrar alegría en el proceso.

La anticipación y la emoción de recibir a un nuevo ser es tan poderosa que convierte el desafío del embarazo en un motivo de júbilo. Indudablemente, nuestras emociones moldean nuestras respuestas a los desafíos de la vida. Se argumenta que todo acto o reacción que tenemos tiene una raíz emocional y, por lo tanto, todo lo que nace en los sentimientos evoluciona a la razón. Es decir, todo lo que se origina en el corazón evoluciona hacia nuestra capacidad de razonar.

Al mirar este argumento de cerca, surge una duda: ¿realmente tenemos autocontrol o es solo una idea sin fundamento? Una falacia fugaz que se desvanece con la inminente vejez. ¿Tenemos verdadera libertad en nuestras decisiones? ¿O simplemente reaccionamos según nuestra naturaleza, como animales guiados por sus instintos? Esto nos hace pensar en el dicho "uno mismo es su peor enemigo". ¿Qué tan cierto es eso? Y si pensamos en la idea de un creador todopoderoso, ¿nos hizo con emociones que pueden cambiar o incluso arruinar nuestro camino en la vida?

Posiblemente, ha estado frente a la angustiante realidad de que todos tenemos un lado ciego, algo dentro de nosotros que no vemos y nos hace sentir inexpertos y superados por la vida, haciéndonos sentir novatos, incapaces e impotentes ante el juego de la vida. La frustración hace que no podamos disfrutar del viaje de nuestros sueños y deseos. Algo así como salir de paseo con los ojos vendados.

Como seres racionales creados a imagen y semejanza de Dios, necesitamos tener acceso a esas heridas invisibles, ocultas a nuestra simple percepción, y así, aprender a transformarlas. ¡Sí! Por irónico o irracional que pueda parecer, transformar esas heridas invisibles en un combustible de esperanza es vital para poder percibir el propósito divino aún en nuestras crisis.

LA EVOLUCIÓN DE LAS HERIDAS INVISIBLES

Solemos pensar que las emociones son fijas y universales, pero en realidad no lo son, su energía puede evolucionar para nuestro bien ayudándonos a descubrir fortalezas ocultas de nuestras áreas vulnerables. Conocer el mecanismo de nuestra energía emocional puede ayudar en el proceso conciliador de evolucionar las heridas invisibles.

El afamado psicoterapeuta, Dr. Augusto Cury, argumenta sobre la energía emocional lo siguiente:

«La identidad es formada por la construcción del pensamiento; por la transformación de la energía emocional y por el proceso de formación de la conciencia asistencial o sea quién soy yo, como estoy, donde estoy, es por la historia inconsciente archivada en la memoria por la carga genética».

Eso no quiere decir que debamos ser controlados por las emociones, en realidad, esto apunta al hecho de que no podemos desconectar nuestra vida emocional de nuestra identidad y por consiguiente, de nuestra espiritualidad. Dicho de otra manera, según Cury, la construcción de tu "Yo" completo (tu identidad) está vinculada a tu legado genético, tu consciencia y a la manera en que tú mismo moldeas tus pensamientos.

Desde la óptica de Cury, podemos inferir, que tu identidad y cómo te enfrentas a tus problemas, está altamente relacionado a la transferencia emocional recibida de tus familiares por medio de la cultura, costumbres y hábitos. Cury, también define la personalidad como la manifestación de la inteligencia frente a los estímulos del mundo psíquico, como también de los ambientes y de las experiencias vividas.

Indiscutiblemente, cada individuo cuenta con una inteligencia y fuerza emocional innatas. No obstante, no todos logran activar su máximo potencial para sanar las heridas que la vida les presenta. Creo firmemente que el desafío más grande radica en hallar el puente que conecta nuestra realidad tangible con la fe en la capacidad restauradora de Dios ante nuestras adversidades. De no hacerlo, nos desplazaremos por esta existencia no como autores de nuestra historia, sino como víctimas marcadas por ella.

Me refiero a no permitir que tu experiencia te transforme, por otro lado, transformar tu experiencia por dura que sea. Pues a fin de cuentas ¿Qué son las cicatrices del alma? Son los trofeos que portan aquellos que han sobrevivido a su propia historia.

¿Qué son las cicatrices del alma? Son los trofeos que portan aquellos que han sobrevivido a su propia historia.

#carceldelossentimientos

Quien ha aprendido a evolucionar su energía emocional en Cristo, puede aprender de las peores experiencias, amar como si nunca le hubieran herido y consolar como alguien que ha vencido la cárcel de los sentimientos y se ha parado firme al umbral de un nuevo Yo, conformado a la imagen de Cristo.

COMO SOBREVIVIR A UN CORAZÓN DEFRAUDADO

Volviendo a Rizpa, nuestra figura central, ella parece llevar en el relato bíblico una marca oculta que la vincula profundamente a su vivencia. Según las tradiciones hebreas, había ciertas expectativas sobre cómo una mujer debía actuar ante situaciones como estas, tal como lo hizo Merab (a quien algunas versiones llaman Mical).

Generalmente, se esperaría que la mujer se alejara de los cuerpos de sus familiares fallecidos, llorara su muerte y continuara su duelo en otro lugar. Sin embargo, Rizpa eligió quedarse junto a los cuerpos sin vida de sus hijos, como quien es guiado ciegamente por la insensatez. La costumbre transfería la carga emocional sobre una prenda, en este caso particular, la tela de cilicio (v.10).

¡Qué escenario más horrible! Este recuerdo perpetuo parecía ser una barrera para su recuperación emocional. En este desolador panorama, Rizpa optó por afrontar las repercusiones de una promesa que ella nunca hizo. El hombre con el que estuvo unida en concubinato, Saúl, parecía determinado, incluso desde el más allá, a seguir lastimando su corazón.

Aparte de tener que vivir con las consecuencias de las desiciones que su concubino Saúl tomó, ahora le tocaba enfrentar sola el estigma social. ¿Cómo sobrevivir una traición o una infidelidad de alguien que prometió protegerte?

Lidiar con las consecuencias de las decisiones de un esposo es difícil para muchas mujeres, especialmente cuando otras personas las juzgan por ello. Es muy duro para una mujer enfrentar problemas por decisiones en las que no pudo opinar.

En la sociedad de hoy, vemos a mujeres divorciadas que, aunque antes les dijeron a sus esposos que no se metieran en deudas, ahora están atrapadas pagando esas deudas, incluso después de separarse.

Algunas mujeres, en el pasado, permitieron que sus parejas fueran muy estrictas o casi abusivas con sus hijos. Ahora, esas mujeres tienen que lidiar con la rebeldía y el enojo de esos jóvenes debido a lo que pasó. De igual forma, existen personas que presenciaron cómo sus antiguas parejas sembraban conflictos y heridas en su entorno familiar.

Actualmente, después de superar esos difíciles momentos, perciben el alejamiento y la indiferencia de aquellos familiares que en su momento se sintieron heridos y traicionados. ¿Cómo sanamos el dolor que sentimos? ¿Cómo disminuimos el daño que otros nos hacen? La historia de Rizpa nos muestra cómo ser fuertes cuando la gente que debería cuidarnos nos lastima.

¿Cómo encontró ella la energía para seguir adelante con un pasado tan triste? Rizpa es un ejemplo emblemático de resiliencia, al enfrentar el desengaño de quienes debieron haber aportado algo positivo a su vida. Ahora bien, ¿Cómo superamos cosas malas que no elegimos?

Al reflexionar sobre Rizpa, considero que ella empleó tres estrategias clave para enfrentar su profundo dolor y continuar con su vida. A continuación, quiero compartirlas contigo:

1. ***Identificó las heridas invisibles,*** *en otras palabras, reconoció sus heridas profundas.*
2. ***Transformó su experiencia,*** *es decir, dio un nuevo significado a las marcas que la vida le había propinado.*
3. ***Evolucionó su emoción*** *convirtiendo su dolor en su arma de defensa.*

Rizpa decidió quedarse junto a sus hijos, mostrando su gran dolor. Quizás se sintió sola o sin una familia cercana cuando era joven, y ser concubina la hizo sentir peor. Esas experiencias del pasado afectaron sus decisiones. Es importante que, si enfrentamos algo parecido, reconozcamos y manejemos esas emociones con ayuda espiritual.

No debemos albergar resentimientos hacia quienes nos hirieron ni alejarlos de nuestros hijos o su nueva pareja. En lugar de aferrarnos a ese dolor, podemos convertirlo en una herramienta para ayudar a otros a recuperarse. Hacer de esos sentimientos un testimonio de nuestro valor y capacidad para enfrentar desafíos.

Es clave no ignorar ni menospreciar lo que sentimos, sino buscar momentos para hablar, mostrar y trabajar con esas emociones. Enfrentar las heridas del corazón, sobre todo cuando vienen de decisiones tomadas por seres queridos, es vital para lograr una vida emocional saludable.

Evolucionar tu emoción significa decidir que la intensidad de sentimientos negativos te impulse a redirigir el dolor, de forma que en el futuro actúe como un testimonio de lo que conseguiste superar cuando todo apuntaba a que te darías por vencida. Es enfrentarte a nuevos desafíos inesperados con la certeza de que, si no te rendiste en la primera ocasión, esta vez tampoco lo harás. ¡En terminos simples! Negarte a vivir una vida llena de amargura.

ENFRENTANDO LAS HERIDAS INVISIBLES

Déjame ilustrarlo con una historia personal, la de mi esposa Janeza y su relación con su padre, y cómo ella descubrió una herida oculta en su interior. Aún recuerdo las primeras veces que visité la casa de Janeza, quien en ese momento era mi novia. La observaba como una joven que veía a su padre como su héroe.

Las muestras de cariño y elogios de Janeza eran constantes, y el orgullo que Don Víctor, mi futuro suegro, sentía por su hija era evidente en cada gesto. Don Víctor era el pilar y la figura de autoridad en su hogar. Nunca imaginé que esta relación se vería sacudida durante un retiro espiritual de nuestra Iglesia. Esa mañana, el retiro comenzó con una actividad dirigida por un ministro, denominada "El Espejo".

En ella, se nos pedía mirarnos en un espejo, no solo para ver nuestra imagen externa, sino también para reflexionar sobre nuestro ser interno. Tanto Janeza como Don Víctor estaban allí. Guiado por una inspiración divina, el conferenciante invitó a Janeza a participar en la dinámica, y ella aceptó.

Para asombro de todos, cuando Janeza se enfrentó al espejo, reconoció las percepciones distorsionadas que había guardado en su interior. Vio la auténtica cara de su padre, no la que presentaba cuando había visitas en casa o la descripción idealizada que ella solía dar en conversaciones casuales. La imagen reflejada no era de la adolescente que había apagado los ecos de la realidad, sino de una niña que internamente clamaba por entender las acciones de su padre.

Era la visión de una pequeña atrapada en memorias de violencia doméstica y la complicada dualidad de un hombre casado que mantenía dos familias. La angustia de ver a quien más admiraba, su padre, despidiéndose cada noche porque tenía que volver con su familia oficial y su legítima esposa, era desgarrador para una niña que anhelaba tener a su padre presente en su vida diaria.

La niña que había quedado en la sombra ahora emergía. Surgía como una herida escondida que Janeza ya no podía disimular, y en el centro de esa capilla exclamó: —¡Mi dolor es por mi padre! ¡Papá! ¿Por qué sucedió todo esto?— liberando así palabras reprimidas y anhelos no satisfechos que se encontraban en los rincones más recónditos de su ser. Aún recuerdo cómo el profundo silencio de la capilla se tornó tangible, entrecortado únicamente por la intensidad de las miradas entre padre e hija.

Entonces, el quebranto de mi suegro resplandeció en un desgarrador: —¡Ay mi hija!—, apretando sus puños contra su pecho, como quien siente despedazarse por dentro. Con urgencia se precipitó hacia mi esposa, conmocionado por las revelaciones que surgían de su adorada hija.

La intervención milagrosa del Espíritu de Dios se hizo evidente, ayudando a Janeza a reconocer esa herida subyacente, lo que condujo a su sanación y transformación emocional. Utilizo "ayudando" deliberadamente, porque la tarea del Espíritu Santo no era decidir en su lugar, sino iluminar aquello que estaba oculto, permitiendo que ella misma tomara acción. Las heridas no vistas son como moho; crecen cuando permanecen en la oscuridad.

El papel del Espíritu es, sin duda, guiarnos, pero la decisión de liberarnos de la cárcel de los sentimientos recae en nosotros mismos. Mi esposa tuvo la opción de refugiarse en el resentimiento, permitiendo que la encadenara. Afortunadamente, eligió transformar ese sentimiento y usarlo en su beneficio. De no haber optado por reinventar su experiencia, muy probablemente habría perpetuado ese dolor.

Tal vez manifestándolo en forma de celos que empañarían nuestra vida matrimonial o, posiblemente, manteniendo una barrera emocional con nuestros hijos, justificando su distanciamiento con pensamientos del tipo "no recibí cariño de niña, por lo tanto, no sé cómo darlo". Es esencial comprender que la cárcel de los sentimientos se construye a menudo con las decisiones y acciones de otros, pero la elección de liberarnos o permanecer encerrados es únicamente nuestra.

Decidir sanar es enfrentar esos sentimientos y redefinirlos; es cambiar el semblante del odio que obstaculiza el perdón, es transformar la soledad o el abandono en un deseo profundo de no permitir que nos definan. En otras palabras usar el odio que te impide perdonar y cambiarle el rostro, evolucionando el sentimiento por repudio al odio. La soledad por repudio a la soledad o como en el caso de Rizpa el abandono por repudio al abandono. Al final, nuestra resiliencia y voluntad de sanar nos moldean, independientemente de las decisiones de terceros que hayan afectado nuestro pasado.

Janeza, armada con una nueva perspectiva, dejó atrás el miedo y el resentimiento que una vez la habían atrapado. Estas emociones, que antes habían sido cadenas, ahora se convirtieron en fuerzas que le dieron el valor de abordar conversaciones que durante mucho tiempo se habían evitado.

Mi esposa no solo enfrentó sus heridas invisibles, sino que las transformó en un medio de comunicación, estableciendo un puente de entendimiento entre ella y su padre. En lugar de permitir que esas viejas heridas dictaran su vida, las enfrentó y las transformó en un puente para conectar con su padre a un nivel más profundo.

El relato de Janeza resalta la capacidad innata del ser humano de transformar heridas del pasado en pilares de fortaleza en el presente. Pongámonos a reflexionar sobre cómo otros episodios traumáticos tallan en nuestra esencia heridas imperceptibles a simple vista. Experiencias como el acoso en la niñez, o la indiferencia parental, actúan sutilmente como el cincel que moldea nuestro carácter.

El "bullying", en particular, no solo deja huellas físicas sino también profundas cicatrices emocionales que pueden sobrevivir el paso del tiempo. Si no se atienden, estas marcas pueden evolucionar y reflejarse en la adultez en actitudes defensivas, levantando barreras de protección que nos alejan de seres queridos, o desencadenando complejos que restringen nuestra plenitud vital.

Así mismo, el abandono familiar puede crear un vacío interno, que frecuentemente intentamos llenar con alternativas poco saludables o relaciones dañinas. Es un reto diario sentirnos merecedores de cariño y aceptación.

No obstante, como lo ilustra la historia de Janeza, existe la opción de reinterpretar y reconfigurar estos episodios. En vez de ser víctimas de nuestras circunstancias, tenemos el poder de enfrentarlas, comprenderlas y, finalmente, trascenderlas.

Al hacerlo, no solo iniciamos nuestro proceso de sanación personal, sino que también contribuimos a edificar una sociedad más empática y solidaria, donde aquellos con traumas encuentren alivio, entendimiento y, crucialmente, rutas de recuperación. En última instancia, nuestro triunfo más significativo se basa en cómo decidimos afrontar y aprender de los desafíos que la vida nos impone.

TRANSFORMANDO LOS MANTOS

El pasaje nos da una visión del proceso por el que pasó Rizpa. Ella canalizó sus emociones a través de la tela de cilicio, utilizando el mismo material que originalmente fue para su duelo como un medio para enfrentar su tragedia. Se menciona en el texto que «Tomó una tela de cilicio, y la extendió para sí sobre una roca».

En esencia, la misma tela que inicialmente representaba su sufrimiento se transformó en su refugio frente a la adversidad. Lo que en un momento fue un símbolo de su dolor, más tarde se convirtió en su protección, en otras palabras la misma tela que le recordaba su dolor, ahora trancisionaría a ser lo que le ayudaba a resistir aquella horrible experiencia.

¡Sin rodeos! Lo que al principio la hizo sollozar, con el tiempo se transformó en su abrigo y defensa contra las adversidades del tiempo y las fieras del entorno.

¡Es asombroso reconocer que aquello que no logró derrotarte ayer, con el apoyo del Eterno, te ha fortalecido hoy! Lo más desfavorable que puedes hacer es resignarte a un destino que Dios no trazó para ti, ya sea esclavitud, carencia espiritual, resentimiento, ansiedad, inseguridad o temor. Si Dios te ha revelado sus promesas, aférrate solo a ellas.

Persiste en el proceso de transformación de tus mantos de luto, entendiendo todo lo que no transformas, lo transfieres. Y lo que transfieres, sin alinearlo al deseo de Dios, deforma tu extensión profética. Pues vienes a este mundo pareciéndote a tus Padres, pero morirás pareciéndote a tus decisiones.

A lo largo de mi vida, he presenciado cómo algunas mujeres, al no enfrentar y superar sus propios complejos, terminan transmitiéndolos, quizás sin darse cuenta, a sus hijas. Estas frustraciones e inse-

"Vienes a este mundo pareciéndote a tus Padres, pero morirás pareciéndote a tus decisiones."

guridades, una vez internalizadas, pueden perpetuarse de generación en generación.

Es crucial entender que nuestros hijos, al ser una extensión de nuestro ser, pueden heredar y amplificar esos miedos e inseguridades relacionados con temas tan profundos como la raza, el color de piel, el estatus socioeconómico o traumas relacionales previos.

Este fenómeno de transmisión no se limita únicamente a las relaciones familiares. Puede observarse en muchos ámbitos de la vida social, desde una congregación, donde un pastor puede transmitir ciertas actitudes a sus fieles, hasta en el ámbito laboral, donde líderes, pueden influir en la mentalidad de sus seguidores.

Si no buscas sanar las heridas que te causaron, te desangrarás sobre quienes nunca te dañaron. Por lo tanto, es esencial desarrollar una profunda inteligencia espiritual y un entendimiento claro de nuestros propios procesos internos. Esto nos equipará no solo para prevenir la transferencia negativa de inseguridades.

Rizpa no abordó su situación sin un respaldo fundamental: poseía un secreto, y ese era hallar primero una Roca. Si bien es cierto que muchos traductores han interpretado las preposiciones hebreas "a" y "sobre" como intercambiables, la Nueva Versión Estándar Revisada [NVER] las traduce como "lo extendió sobre una roca".

Pero, si nos atenemos al hebreo, literalmente diría "lo extendió a la roca". Este detalle no pasó desapercibido para los eruditos, quienes, al examinar el texto más a fondo, vincularon este pasaje con otros como Isaías 30:29 y 51:1, donde la "Roca" es una alusión directa a Yahvé.

Esta idea de la roca como base o sustento no es ajena a la tradición cristiana, donde la figura de Cristo es vista como el cimiento sólido de nuestra fe. La enseñanza es clara: en medio del torbellino emocional y las tragedias, es esencial que nos apoyemos en esa Roca eterna para transformar nuestras emociones y encontrar significado en los momentos dolorosos.

Parece que Rizpa, al hallar esa peña, encontró un lugar donde reposar y sanar. Esta imagen me remite a un pasaje bíblico que dice: "echando toda vuestra ansiedad sobre él, porque él tiene cuidado de vosotros." En resumen, para enfrentar y superar los desafíos más áridos de la vida, debemos primero encontrar nuestro soporte espiritual, nuestra "roca", y depositar en ella todas nuestras cargas y preocupaciones, confiando plenamente en Cristo.

TUS HERIDAS SERÁN TU ARMA DE DEFENSA

Rizpa transformó su cilicio de tal forma que se convirtió en su escudo protector. Con este, enfrentaba aves carroñeras durante el día y animales salvajes durante la noche.

Resulta impactante cómo esa misma tela, que en un principio sirvió como pañuelo de sus lágrimas, pasó a ser su herramienta defensiva contra los peligros que simbolizan inseguridades e inestabilidades en su vida.

A través de esta historia, no pretendo señalar directamente los patrones de psicoadaptación. De hecho, la psicoadaptación es vista por algunos profesionales de la salud mental como un proceso inconsciente que reduce la percepción de dolor o placer ante un estímulo constante.

Por ejemplo, al colgar una pintura, inicialmente puede captar nuestra atención y admiración, pero con el tiempo, nos acostumbramos a ella y su encanto se desvanece. Lo mismo puede suceder en nuestras relaciones; si no nutrimos el amor, eventualmente nos adaptamos a la presencia del otro y el afecto puede desaparecer.

La transformación de nuestras heridas ocultas, convirtiéndolas en escudos protectores, puede manifestarse como un testimonio viviente que inspire a otros. Es un recordatorio que nos guía a confiar totalmente en Dios y nos proporciona autoridad espiritual frente a las embestidas del enemigo de las almas.

La Dra. Elisabeth Kübler-Ross, psiquiatra y escritora suiza, reconocida por introducir el modelo de las cinco etapas del duelo escribió sobre este particular lo siguiente:

"La realidad es que la pérdida es para siempre, Aprenderás a vivir con ella. Sanarás y te reconstruirás alrededor del sufrimiento provocado por ésta. Volverás a estar completo(a) otra vez, pero nunca serás la misma persona. Ni debes ser la misma, no debes querer serlo".

En otras palabras, la experiencia tiene la objetividad de empujarte a decisiones de transformación y renovación, aún en medio de la más grandes tragedias.

Dicho de manera sencilla, en la forma actual de pensar y actuar de las personas, llamamos "resiliencia" a la capacidad de enfrentar problemas, usar el dolor para motivarnos a mejorar y salir más fuertes de cada situación difícil.

Sin embargo, mi propósito aquí no es simplemente encasillar esta habilidad como un mero término psicológico. Por el contrario, creo firmemente que Dios, en su infinita gracia y sabiduría, ha diseñado nuestra esencia para que estemos en constante evolución emocional, permitiéndonos así, transformar las situaciones que enfrentamos.

Como dice Proverbios 18:12, "Antes de la honra es el abatimiento". Esto significa que, a menudo, los momentos de gloria son precedidos por desafíos, que con la guía divina, se convierten en el catalizador para despertar nuestro potencial interno.

¿CÓMO AVANZAR DESPUÉS DEL TRAUMA?

Un paso esencial, que puede parecer básico, es no reprimir tus emociones sino encontrar formas de expresarlas y lidiar con ellas. Esto es particularmente relevante para mujeres que, como Rizpa, han sido heridas por decisiones de sus parejas.

A continuación, brindo cinco recomendaciones clave para facilitar la sanación emocional y espiritual:

• **Afrontar y validar tus emociones**: Date permiso para sentir y vivir tus emociones sin autocritica, comprendiendo que son una parte natural de la experiencia humana.

• **Establece una red de apoyo**: Ya sea con familiares, amigos o profesionales, contar con personas que te escuchen y te apoyen es crucial en el proceso de recuperación.

• **Crea un diario de reflexiones**: Escribe regularmente sobre tus sentimientos y experiencias. Esta acción puede ayudarte a procesar el dolor y a entender tus emociones más profundamente.

• **Practica perdonarte a ti mismo y perdonar a los demás**: Esto no implica excusar actitudes perjudiciales, sino soltar el rencor y la ira, facilitando la recuperación y moviéndote hacia un porvenir más brillante.

• **Declara el perdón**: cuando ores, incluso si no lo sientes, nombra a la persona y verbaliza que la estás liberando a través del perdón. El cambio no sucederá de inmediato, pero con el tiempo, sin que te des cuenta, realmente habrás perdonado.

Estimado lector(a), te insto a confrontar y vencer cualquier trauma o desafío que hayas atravesado. La resiliencia va más allá de ser un simple término; es una fuerza divina que te otorga el poder de forjar tu propia felicidad y, en gran medida, trazar tu destino, siempre acompañado por la mano de Dios.

La idea es convertir, en sentido figurado, tus episodios dolorosos, refinar tu energía emocional, entender tus sentimientos bajo la luz del Espíritu Santo y, por ende, curar las heridas de tu historia. Antes de concluir, es esencial que guardemos en nuestro corazón tres enseñanzas clave basadas en la vida de Rizpa:

1. Si no transformas tu dolor, seguramente lo transmitirás. Si no encuentras una manera de procesar y superar tu dolor, existe una alta probabilidad de que inconscientemente lo proyectes hacia familiares y otros, afectando tus relaciones y entorno. Es esencial que conviertas esas heridas en lecciones de vida, para evitar propagar el sufrimiento que has experimentado.

2. Si no transformas tus experiencias ciertamente ellas te transformarán a ti. Si no das forma a tus vivencias, ellas te darán forma a ti. Cada experiencia, ya sea un rayo de sol o una tormenta, esculpe quiénes somos y cómo vemos el mundo. Si no tomas las riendas y buscas un propósito y lección en ellas, acabarán siendo las brújulas de tu vida. Es vital tomar el pincel de la vida y pintar cada vivencia de manera que te empuje a florecer y brillar.

3. Es diligente aprender a transformar lo que te hizo llorar en tu arma de defensa. Hay un poder inherente en convertir tus momentos de vulnerabilidad y dolor en herramientas de fortaleza y protección. Aquello que una vez te causó lágrimas y tristeza, si se maneja con sabiduría y resiliencia, puede transformarse en tu escudo contra futuros desafíos.

Que cada cicatriz cuente la historia de cómo, contra todo pronóstico, tu esperanza y fe se hicieron más fuertes y brillantes. ¡Es el momento de proclamar que lo que no te destruyó, en realidad, avivó la llama del Espíritu en tí! En ocasiones, las adversidades nos exigen ser como "rocas ardientes", teniendo la fortaleza para mantenernos estables emocionalmente mientras dejamos que la pasión y el fuego de nuestras emociones redimidas por Cristo, nos impulsen a enfrentar desafíos internos bajo la guianza del Espíritu Santo.

Estos retos, a menudo, requieren una intensidad espiritual y emocional única. "Hay batallas que requieren fuego" ¡Fuego espiritual! Quiero decir algo simple: Aunque Dios puede ayudarnos al instante, a veces espera para enseñarnos algo. Su forma de actuar nos muestra el camino a seguir. Te sugiero tener paciencia y no apresurarte.

Es mejor tomarte un momento, reflexionar y buscar dirección. Así como el gran arquitecto divino fue meticuloso en su creación, nosotros debemos proceder con intención y claridad. Si lo permitimos, el tiempo puede convertir nuestras heridas en pilares de fuerza. Con frecuencia, el tiempo se transforma en un amigo que ayuda a cambiar nuestro dolor en signos de resistencia.

Por lo tanto, prosigue con determinación en tu viaje transformador. Recuerda que, bajo la guía del Espíritu Santo, cada sentimiento y experiencia puede iluminar un porvenir más prometedor. Conserva viva la chispa de la perseverancia en tu ser y permite que tus emociones se renueven, dándote la audacia para avanzar.

En cada paso, ten presente que estás edificando un sendero hacia el equilibrio emocional, el sosiego y la compresión plena de como se comporta tu espiritualidad. Con el favor de Dios por delante, convertirás cada cicatriz en un peldaño hacia la excelencia. En cada paso que des, recuerda que estás construyendo tu propio camino hacia la paz emocional y la serenidad de la mano del Dios que te dio la vida. ¡Hagamos de cada herida un escalón hacia la grandeza!

Principios a extraer y aplicar de este capítulo:

¿Qué parte del capítulo resonó más en tu interior?

¿Hay algún concepto mencionado que te gustaría explorar más a fondo?

¿De qué forma crees que este capítulo influirá en tus decisiones o perspectivas futuras?

CÁRCEL DE LOS SENTIMIENTOS

Episodio 4

▶ Watch video

ESCANÉAME

Escanéa el código con tu celular
para acceder el estudio del capítulo

CAPÍTULO 4

Encarcelado con los gemelos fraternos

EL AMOR Y LA OBSESIÓN

> El amor es como una goma elástica que dos seres mantienen tirantes, sujetándola con los dientes; un día, uno de los que tiraban se cansa, suelta, y la goma le da al otro en las narices.

— ENRIQUE JARDIEL PONCELA

Gradualmente, las luces vuelven al escenario y la audiencia se acomoda, expectante del rumbo que tomará la próxima escena. Desde lugares distantes, una gran nube de testigos observa; han estado antes ante esta enigmática representación, pero se ven sorprendidos por la voz firme de una mujer que avanza hacia el centro del escenario.

La tensión en sus palabras es palpable, opacando las buenas intenciones y el amor genuino, como si estas fueran víctimas de un asalto. Es paradójico: su rostro muestra amabilidad y sus gestos son tiernos, pero lleva cadenas en sus manos.

Con una mirada llena de compasión y una voz sincera, afirma: —Esto es por tu bien, porque te amo. Y con un gesto tan tierno como el que se usa para acunar a un bebé, le coloca las cadenas en las manos a su hermano gemelo: el amor. La agresión es evidente, la violencia es innegable, pero el llanto de la mujer apacigua cualquier intento de represalia. A simple vista parece sencillo, pero no lo es. Ha eclipsado las buenas intenciones, y la línea entre el amor y la obsesión se ha vuelto difusa e indistinguible.

¿Te has encontrado en este escenario? Aquel donde interactúan dos fuerzas gemelas fraternas: el amor y la obsesión. Están tan intrínsecamente ligados que parecieran ser indistinguibles. Cada uno, en su manifestación, tiene el poder de impulsar incluso al espíritu más frágil hacia hazañas grandiosas o desastres abrumadores.

El amor y la obsesión, cada uno, en su manifestación, tiene el poder de impulsar incluso al espíritu más frágil hacia hazañas grandiosas o en el caso de la obsecion a desastres abrumadores.

Son un reflejo del acto de entrega más significativo en la historia: la sangre derramada por el justo Jesús, abriendo el camino hacia la vida eterna. Y en sentido opuesto, también evocan el deseo de supremacía racial que desencadenó el holocausto y genocidio más horrendo de la historia a manos de los nazis. En el libro "Adolf Hitler, Discursos", se pueden notar las "buenas intenciones" de Hitler y su fervor al hablar de los derechos de su raza.

Aunque parecía abogar por el derecho a la vida, estaba en realidad atrapado en una obsesión narcisista y xenófoba, que lo condujo al exterminio de millones de judíos en nombre del "amor" a su raza. Cada extremo, desde su perspectiva, es parte del escenario de la vida, y a menudo es difícil distinguirlos.

La metáfora de que el amor y la obsesión son como gemelos fraternos se basa en la observación de que ambas emociones son intensas y pueden surgir de las mismas raíces, pero, al igual que los gemelos fraternos, presentan diferencias clave que definen su identidad y consecuencias.

Así como los gemelos fraternos comparten un útero, el amor y la obsesión pueden emerger del mismo anhelo: un profundo deseo de conexión, un sentido de pertenencia o la búsqueda de aceptación.

Como dos hermanos que crecen juntos, el amor y la obsesión nacen de querer estar cerca de alguien. Ambos sentimientos nos hacen sentir conectados, pero mientras el amor es bueno para ambos, la obsesión puede hacer daño.

¿CONOCEMOS A LOS GEMELOS FRATERNOS?

El amor y la obsesión, aunque corren en líneas paralelas, son fundamentalmente distintos. A pesar de su origen similar, se manifiestan de maneras distintas. El amor es altruista; es pensar en los demás antes que en uno mismo, liberador y centrado en el bienestar del otro.

Por otro lado, la obsesión es egoísta, asfixiante y está más centrada en las propias necesidades y deseos que en los de la persona objeto de dicha obsesión.

El amor puede ser apasionado, pero nunca se convierte en obsesión. En contraste, la obsesión puede llevar a la posesión, pero nunca culmina en amor verdadero. La obsesión es una emoción intensa, mientras que el amor es la esencia de la vida misma: una energía liberadora, inalterada, que emana y refleja la naturaleza del Eterno, ya que Dios es amor [1 Juan 4:8].

Entonces, ¿por qué a veces confundimos el amor con la obsesión? Ambos vienen de adentro y se muestran con acciones y gestos. Pero el amor, a diferencia de la obsesión, necesita que lo que hacemos y lo que sentimos estén en sintonía. Hablaré más de esto más adelante.

Así como a veces es difícil diferenciar a gemelos al verlos por primera vez, puede ser difícil separar el amor de la obsesión, sobre todo cuando nos sentimos atrapados en esos sentimientos. Los dos pueden ser muy intensos y embellecer o abrumar nuestros deseos más sinceros.

Los tentáculos de esta confusión pueden alcanzar el corazón de un pastor(a). Es como cuando alguien, incluso un líder religioso, siente que "ama" mucho a otra persona y piensa que siempre debe estar a su lado. A veces, esto puede llevar a hacerle daño emocionalmente o a meterse demasiado en su vida.

Pueden pensar cosas como "Lo traje a la fe" o "Estuve ahí en su peor momento, así que puedo decidir por él". ¿Has escuchado algo así antes? Si lo has hecho y lo reconoces, podrías estar en una situación complicada sin saberlo.Para algunos líderes, esta confusión es tan intensa que, si una persona decide cambiar de congregación por razones válidas, emiten comunicados en su contra, ventilan sus desencuentros en redes sociales y los desacreditan, todo bajo el pretexto de que lo hacen porque "aman" a esa persona. Su supuesto amor ha dado paso a la obsesión.

El relato de Amnón y Tamar, que se encuentra en el segundo libro de Samuel (2 Samuel 13), es un ejemplo conmovedor y desgarrador de cómo la obsesión y la lujuria pueden ser confundidas con el amor.

Amnón, hijo de David, desarrolló una intensa obsesión por su media hermana, Tamar. Esta obsesión fue tan fuerte que, según las escrituras, llegó a enfermar de deseo por ella. Bajo el consejo de su amigo Jonadab, Amnón ideó un plan para estar solo con Tamar y finalmente la violó. Después de este acto atroz, el sentimiento de Amnón cambió radicalmente y su amor obsesivo se transformó en un profundo odio hacia Tamar, llevándolo a rechazarla y humillarla aún más.

Esta historia pone de manifiesto varios puntos clave sobre la diferencia entre el amor genuino y la obsesión o lujuria:

1. Naturaleza temporal vs. duradera: El amor verdadero es duradero y busca el bienestar del ser amado. La obsesión o lujuria, por otro lado, es temporal y a menudo cambia una vez que se ha satisfecho el deseo.

2. Motivación altruista vs. egoísta: Mientras que el amor genuino se caracteriza por el deseo de cuidar y proteger al ser amado, la obsesión y la lujuria están impulsadas por el deseo egoísta de satisfacer las propias necesidades o deseos, sin importar el costo para la otra persona.

3. Conexión emocional vs. física: El amor genuino abarca una profunda conexión emocional, mental y espiritual con otra persona. La lujuria y la obsesión, en cambio, a menudo se centran únicamente en la atracción o deseo físico.

La narrativa de Amnón y Tamar en las escrituras es más que una historia; es una lección sobre las consecuencias devastadoras de no distinguir entre amor genuino y un deseo impulsado por la lujuria o la obsesión. La lujuria, cuando se deja sin control, tiene el poder de nublar el juicio y llevar a individuos a cometer acciones terribles, todo en nombre de una falsa percepción de "amor". Es vital para nosotros comprender la esencia del amor verdadero, que se basa en el respeto, la comprensión y un compromiso auténtico con el bienestar del otro.

Muchos jóvenes, impulsados por pasiones efímeras, a menudo confunden el amor con atracciones superficiales. Sin embargo, cuando se enfrentan a la realidad del matrimonio, un compromiso que va más allá de las simples atracciones eróticas, descubren que el amor es una decisión constante de aceptar y amar a la pareja a pesar de sus imperfecciones.

En el matrimonio, los desafíos y los conflictos son inevitables, y es en estos momentos cuando la verdadera naturaleza del amor se pone a prueba. Es aquí donde la elección de amar más allá de las fallas y las debilidades de la pareja se vuelve esencial para mantener una relación sana y duradera.

¿AMOR O OBSESIÓN Y LA SOBREPROTECCIÓN?

La obsesión se manifiesta, a veces involuntariamente, en padres que ejercen un cuidado posesivo e intrusivo. Esto se ve cuando intentan controlar de quién se enamora su hijo(a), qué profesión debe elegir o incluso sobre qué temas debe hablar.

Esta obsesión se refleja en la sobreprotección y en la desconfianza hacia el desarrollo individual del hijo, ya que, como se sabe, para algunos padres, sus hijos nunca estarán lo suficientemente "preparados para la vida". En la relación familiar, el amor y la obsesión caminan por una cuerda floja; sin embargo, quien suele caer al abismo es el amor genuino.

La sobreprotección en niños o adolescentes, en lugar de ayudarles, limita su crecimiento en muchos aspectos. Cuando esto se mezcla con confundir amor con obsesión, los problemas aumentan:

• **Desarrollo emocional**: Al protegerlos mucho, no aprenden a enfrentar desafíos y pueden sentirse incapaces de resolver problemas.

• **Independencia**: Pueden sentirse atrapados o controlados y no tomar decisiones por sí mismos.

• **Vida social**: Puede ser difícil para ellos hacer amigos o relacionarse con otros, especialmente si el cuidador es muy controlador.

• **Autoestima**: Si siempre los protegemos, pueden sentir que no son buenos enfrentando situaciones difíciles.

• **Ideas del amor**: Si alguien confunde amor con control, el joven puede pensar que el amor real es controlador y dañino.

En pocas palabras, ser demasiado protector puede dañar el desarrollo del joven, especialmente si se confunde el amor con obsesión. Es importante darse cuenta y cambiar estos comportamientos para el bien de los jóvenes.

Una forma de discernir entre el amor y la obsesión es identificar a quién beneficia o sirve el sentimiento que nos embarga. Si consideramos la descripción paulina del amor que dice "No busca lo suyo" [1 Corintios 13:4-7], podemos entender que, si detectamos orgullo, vanidad o egoísmo en lo que consideramos "amor", nos enfrentamos a un llamado de atención frente a pasiones desbordadas.

Bajo la premisa de que el amor nunca causará daño, es esencial reconocer que el amor, siendo parte de la esencia divina, actuará siempre con justicia.

El amor auténtico nunca te incitará a celar extremadamente o cometer actos violentos, a diferencia de lo que se sugiere en los denominados "crímenes pasionales". En relación con los celos, hay una interpretación muy distorsionada y peligrosa de este sentimiento.

En varias sesiones de consejería matrimonial, he escuchado la frase: "El que no cela, no ama". Sin embargo, el amor genuino jamás será cómplice de una conducta obsesiva. Desde una perspectiva cristiana, los celos se ven como una manifestación mundana que la Biblia aconseja superar [Gálatas 5:20 RV60]. Es cierto que existen pasajes, principalmente en el Antiguo Testamento, que describen a Dios como celoso [Éxodo 20:5 RV60].

En teología, esto se denomina antropopatismo, es decir, atribuir emociones o características humanas a lo divino. Tal descripción enfatiza la relación exclusiva que Dios busca con Israel, más que justificar un comportamiento de celos. En esencia, Dios no acepta una devoción dividida con otros dioses.

EL CORAZÓN ES DIVERGENTE

El amor verdadero tampoco respalda acciones como acechar, intimidar, amenazar o limitar a alguien. Todas estas conductas, en realidad, son manifestaciones de una obsesión y no reflejan el amor puro.

Una expresión bíblica que nos puede ayudar a entender este concepto se encuentra en lo que el Apóstol Pablo dijo sobre el amor al dinero. Según 1 Timoteo 6:10, "Porque el amor al dinero es raíz de todos los males". Si consideramos esta traducción como precisa, al referirse al "amor al dinero", Pablo podría estar hablando de un sentimiento que se confunde con la obsesión, dado que el amor en su naturaleza es puro.

Interesantemente, algunas versiones bíblicas no traducen este pasaje usando la palabra "amor", sino que lo interpretan como "codicia" (BDO 1573). Por lo tanto, podríamos entender el versículo de la siguiente manera: "La obsesión por el dinero puede llevarte a cometer actos como matar o engañar; es la codicia la que se convierte en raíz de todos los males".

Un corazón divergente percibe el amor desde perspectivas distintas, estando apto para actuar más allá de los estándares convencionales. En su libro "Cristo y el cristianismo, dos grandes enemigos", el biblista y filósofo Dr. Yattenciy Bonilla profundiza en este concepto, a mi entender, al escribir:

"Una característica de la sociedad posmoderna, especialmente en América, es el auge del sentimentalismo, particularmente en el ámbito de la fe. Actualmente, las experiencias cristianas se caracterizan por una intensa emotividad. Ya no se busca comprender la fe desde un enfoque racional, sino que se prioriza sentir a Cristo en el corazón y las emociones. La encarnación de Cristo no se alinea con una visión sentimentalista de la fe; para verdaderamente encarnarlo, es esencial interiorizarlo."

En fin, en una sociedad donde los sentimientos importan más que la lógica, puede ser difícil distinguir lo que realmente es amor. Los sentimientos son variables y pueden ser confusos, especialmente al explorar la preeminencia del amor en las relaciones de pareja y familia.

CUANDO DE REPENTE EL CORAZÓN GRITA ¡NO!

Es vital afirmar que el amor, en su sentido más puro, no es meramente una emoción; porque cuando se acaben los sentimientos, se acabará el amor. Como hemos discutido en capítulos anteriores, las emociones son inestables. El arte de amar es más que eso; es una convicción derivada de una decisión.

Algunos matrimonios enfrentan este dilema cuando deben decidir entre cuidar a sus padres o permanecer con su cónyuge. Es igualmente confuso cuando uno de los cónyuges confiesa que ya no siente amor por el otro. ¿Qué pasó con el amor? ¿Cómo es que una pareja que se juró amor hace dos meses, puede después afirmar no sentir nada?

¿Cómo se concluye que el amor se ha acabado? ¿Basándonos en lo que sentimos? El amor no es meramente un sentimiento; es el fundamento sobre el cual construimos nuestra existencia, es simplemente una realidad palpable.

CUANDO EL CORAZÓN ACTÚA POR SU CUENTA

Recuerdo la experiencia de un querido amigo con su divorcio. En su esfuerzo por salvar su matrimonio, y consecuentemente la salud

El amor no siempre se siente, pero sí se decide.
#carceldelossentimientos

emocional de su familia, rogaba a su esposa que accediera a asistir a terapia familiar. Sin embargo, su esposa, herida por la situación, se negaba a participar, alegando que sería una pérdida de tiempo y dinero, ya que ella ya no sentía amor por él.

Casualmente, esa misma semana había subido a mi canal de YouTube una reflexión titulada "El amor no se siente, se decide". En dicha reflexión, expongo la inestabilidad de los sentimientos cuando se trata de luchar por el matrimonio. Mi amigo, en su desesperación por ver mejoría en su relación, le compartió la reflexión a su ex esposa, quien no tomó muy bien este acto.

Uno de los argumentos más chocantes para la esposa de mi amigo fue cuando compartí la opinión de algunas comunidades terapéuticas con base en la fe acerca del matrimonio. Algunos profesionales opinan que, para que un matrimonio permanezca unido, no necesita basarse en el amor, sino en el sentido de familiaridad. Es decir, un matrimonio no debe mantenerse unido por el sentimiento, sino por la convicción familiar.

Hay siete tipos de amores en el griego y siete verbos para amar, con siete sustantivos. Amor sexual del verbo 'erau' o 'eros', amor por interés 'onomatso'. El amor a la sabiduría 'sofiazo', etc. El amor ágape es un amor más estructurado, que se compone de dos partes: en la primera parte el sentimiento y en la segunda parte el compromiso.

Ágape, en el contexto del Nuevo Testamento, es dejar de ser yo para que otro sea. Es por tal razón que Cristo es el símbolo del amor ágape universalmente hablando, pues amó poniéndonos en frente de su propio bienestar al encarnarse y morir. Ágape en su manifestación inmediata involucra, para los griegos, sentimiento y compromiso (voluntad).

En primera instancia, permítame arrojar la soga de la salvedad por la proa de la comprensión. De ninguna manera pretendo afirmar que un matrimonio en un patrón abusivo deba insistir en la relación por sus vínculos familiares. Tenga por seguro que toda nuestra reflexión se conduce al margen de cualquier conducta autodestructiva.

Considere lo siguiente: si usted es una persona de fe, ¿cómo podríamos amar a nuestra pareja a la altura del consejo bíblico si es necesario sentir para permanecer? Veamos lo que postula la Escritura sobre esto: «Esposos, amen a sus esposas, así como Cristo amó a la iglesia y se entregó por ella.» [Efesios 5:25 NVI]. En otras palabras, amen a sus cónyuges como Dios les ama (con amor ágape). ¡Qué afirmación tan difícil de digerir! El amor erótico es interesado, vislumbrando el matrimonio como un contrato.

LA CONFUSIÓN AL DESCUBIERTO

Recuerdo, por ejemplo, el caso de una notable mujer de Dios que era misionera. Una tarde, mientras miraba la televisión, su compasión fue atrapada por las imágenes de niños enfermos en Guinea Ecuatorial, África. En ese preciso momento, sintió que Dios la llamaba a África. Al principio, su esposo y su familia la apoyaron a pesar de la prontitud de la decisión.

Al cabo de no mucho tiempo, su esposo entendió que ya era momento de regresar a su tierra y le solicitó a su esposa volver a su país natal. A lo cual ella respondió que amaba tanto a la gente de Guinea Ecuatorial que la única forma en que saldría de allí sería muerta. Desafortunadamente, sus palabras se convirtieron en realidad. Tras varios años lejos de su familia, falleció debido a una enfermedad inesperada en Guinea Ecuatorial.

Durante su funeral, nadie quiso abordar el tema obvio: ¿puede el amor llevarte a abandonar tu compromiso conyugal? ¿Puede el auténtico amor privar a los hijos de la relación con sus padres? Creo que la respuesta es evidente.

A mi entender, Jesús quiso enseñar a sus discípulos a manejar las prioridades cuando se confunde un sentimiento de amor con obsesión, al decir:

«Porque a los pobres siempre los tendrán con ustedes...»

— MATEO 26:11 RV60

Con esta frase, Jesús quería decir que hay que equilibrar nuestras emociones, para no confundir obsesión con amor. Aunque querían hacer algo bueno (vender el perfume para ayudar a los pobres), no era el momento adecuado para eso. ¡Es complicado saber cuándo centrarnos en lo que realmente importa! Especialmente cuando sentimos y escuchamos a la obsesión de un lado y el amor del otro.

El caso de esta gran mujer de Dios revela lo que sucede cuando se confunde el amor con la obsesión. El amor no deja cicatrices de rencor y se enfrenta a los impulsos nacidos de la obsesión y considerando siempre el bienestar de tus seres queridos bajo tu responsabilidad.

OPTEMOS POR LA DECISIÓN DE AMAR

"Retomemos el argumento que escandalizó a la ex esposa de mi amigo. ¿Recuerdas cuando tu padre o madre te prohibía algo que querías hacer en tu niñez? ¿Qué sentías? ¿Sentías amor por tus padres cuando estabas sufriendo un castigo?

El Dr. Daniel Schipanni, especialista en consejería familiar, escribe:

'La capacidad de la introspección, es decir, el pensamiento sobre el pensamiento, está ausente en la niñez y se desarrolla en la adolescencia'.

Según Schipanni, la capacidad de retractarse de un pensamiento comienza a desarrollarse en la adolescencia, siendo la niñez una etapa vulnerable a sentimientos y pensamientos desmedidos.

A partir de esta afirmación, ¿cuántas veces tuviste un mal pensamiento acerca de tus padres en tu niñez? Es posible que alguna vez, escondido(a), hayas dicho o pensado un insulto hacia tus padres. ¿Qué sentías en ese momento de ira? ¿Qué hizo que nunca dejaras de amar a tus padres? Seguramente fue el sentido de familiaridad. Esta es la idea central de aferrarse al sentido de familiaridad cuando se lucha por el matrimonio.

¿Qué difícil es cuando en un matrimonio solo una de las partes quiere luchar por la relación? ¿Cuándo la otra parte dice no amarte y ni siquiera intenta luchar por los buenos momentos vividos? La pregunta que gira en torno a nuestro argumento es ¿Cómo amar cuando no lo siento?

Estoy consciente de que esta postura puede sonar un tanto radical para aquel pensamiento que prioriza el sentir sobre el deber. Por supuesto, el sentir es importante. ¿Pero hasta qué punto el sentir puede ser tu consejero cuando del deber conyugal se trata? ¿No estaré confundiendo el amor hacia mí mismo con la obsesión por mí mismo? ¿Podría, en algún momento, obsesionarme tanto por mi bienestar que optara por el divorcio?

Una de las formas para tomar desiciones sobre este particular sentimiento es preguntarte: ¿Realmente, todo ha sido negativo en tu relación? Mi amigo, lamentablemente, no pudo salvar su relación, pero quizás tú que estás leyendo sí puedes salvar tu matrimonio.

Evidentemente, una autoestima saludable es vital cuando nos relacionamos con otros, pero tu "amor" por ti mismo puede llevarte a la deriva en el mar de tu propósito.

Un compañero ministro, tras un devastador divorcio, me confesó:

Una autoestima saludable es vital cuando nos relacionamos con otros, pero tu "obsesión" por ti mismo puede llevarte a la deriva en el mar de tu propósito.

#carceldelossentimientos

"Después de veinte años de matrimonio, mi divorcio comenzó el día en que empecé a luchar por mí y no por nosotros".

De alguna manera, es posible que al pensar solo en tu bienestar pierdas el rumbo de tu corazón.

Por lo tanto, amar no es solo sentir, es comprometerse con el alma. La persona que ama con el amor ágape entra en un proceso de madurez que le ayuda a encontrar el verdadero sentido del amor. Cuando se ama solamente por un sentimiento, se vive una vida egoísta, siempre buscando la satisfacción personal, llenando las necesidades propias sin importar las necesidades de la otra persona.

La calidad del amor que decimos tener por la otra persona no es la que el Eterno espera de nosotros. La persona que ama con este tipo de amor no solamente está ayudando a cambiar a la otra persona, sino que al mismo tiempo, ella misma está mejorando su calidad de amar y valorar a las personas que ama.

Permítanme recordarles la historia que conté al principio de este capítulo. Esta historia muestra lo difícil que es diferenciar entre amor y obsesión. Imagina que el escenario y las personas que lo observan son como la opinión general de la gente. La "gran nube de testigos" son aquellos que ven lo que está pasando pero no hacen nada; su silencio es como darle permiso a la situación.

La mujer, que actúa de manera dulce pero también violenta, es como la obsesión. Aunque parece que todo lo que hace es por amor y por querer cuidar, en realidad (como las cadenas que lleva) muestra que lo que quiere es controlar y tener todo para ella. Aquí, la obsesión se hace pasar por amor, haciéndole creer al "amor" que todo lo que hace es por su bien.

Cuando hablamos de relaciones, es complicado ver la diferencia entre amar de verdad y estar obsesionado. Ambos sentimientos parecen venir del mismo lugar en nuestro corazón, pero actúan de formas muy distintas. Mientras el amor de verdad quiere que la otra persona esté bien y sea libre, la obsesión solo quiere controlar y tener todo bajo su mando.

Lo que nos cuenta esta historia es cómo el amor puede cambiar y volverse algo malo cuando se mezcla con el miedo, las inseguridades y el querer controlar todo. El amor real no quiere atrapar a nadie, sino compartir y dejar ser.

Antes de seguir adelante, es importante que pensemos en nuestras propias relaciones. Debemos preguntarnos si lo que llamamos "amor" en realidad está dejando a la otra persona ser libre o la está atando. Cuando nos encontramos en medio de estas dos cosas, amor y obsesión, debemos pensar bien qué es lo que queremos. El amor genuino, en su forma más pura, siempre busca el bien del ser amado sin condiciones ni restricciones.

Principios a extraer y aplicar de este capítulo:

¿Qué desafíos personales te evocó este capítulo?

¿Hubo algún aspecto que te resultó sorprendente o inesperado al leerlo?

¿De qué manera crees que lo que leíste puede ayudarte en tu día a día?

CÁRCEL DE LOS SENTIMIENTOS

Episodio 5

Watch video

ESCANÉAME

Escanéa el código con tu celular
para acceder el estudio del capítulo

CAPÍTULO 5

"Back to the future"

CUANDO TUS EMOCIONES DEL PASADO TE VISITAN.

> Los recuerdos son: la ventana al pasado, la conspiración del presente y la esperanza del futuro ante la inesperada visita de la incertidumbre.
>
> — LEUYIN G.

Apenas tenía unos ocho años la primera vez que me hice una pregunta que parecía no tener respuesta. Fue un viernes por la noche; mi madre, como de costumbre, había alquilado una película y, acompañados de palomitas de maíz, estábamos listos para disfrutarla en familia. Tomé la cinta de video para insertarla en la videocasetera, pero antes de hacerlo, quise saber el título de aquella película. Decía "Back to the Future (De vuelta al futuro)".

Esta película trataba de un joven que, dentro de un auto DeLorean, por accidente viajaba al pasado, quedando atascado en él. Toda la trama de este filme giraba en torno al intento de este joven (Michael J. Fox) de volver al futuro, que, paradójicamente, en realidad era su presente. Debo confesar que la trama de esta película logró cautivarme, penetrando profundamente en mi entendimiento de ocho años. Me resultaba fascinante ver cómo sucesos del pasado de aquel joven transformaban su presente, que en ese momento era su futuro.

Esto despertó mi curiosidad, generando en mí una pregunta enigmática: ¿Algún día el ser humano logrará viajar a su pasado para alterar los eventos de su presente/futuro? ¡Qué gran pregunta! Por enigmática y paradójica que parezca, no encuentro tan descabellada la imaginación creativa de estos guionistas y cineastas de Hollywood. ¿Logrará el hombre, algún día, viajar a su pasado o, viceversa, permitir que su pasado viaje a su futuro? Si les parece fantasioso el tan solo pensarlo, observen el planteamiento del siguiente pasaje de las escrituras:

> «Aquello que fue, ya es; y lo que ha de ser, fue ya; y
> Dios restaura (verbo en presente) lo que pasó
> (tiempo pasado)»
>
> — ECLESIASTÉS 3:14-15 RV60, ÉNFASIS
> AÑADIDO)

¡Nada parece más paradójico que este pasaje! Por supuesto, la versión en uso conserva el misterio del texto al usar un castellano antiguo para su traducción. Sin embargo, dicho uso no limita lo sorprendentemente inimaginable de la afirmación.

Se podría interpretar de la siguiente manera: *"Lo que pasó, ya sucedió; el futuro ya está determinado y Dios repara en tu presente lo que ocurrió en tu pasado"*. Si esta interpretación es acertada, entonces la imaginación detrás de esta obra de ciencia ficción no parece tan descabellada. ¿Cómo podría alguien, en el presente, corregir su pasado y, al mismo tiempo, modificar su futuro?

En años de investigación bíblica y antropológica, he concluido que sí es posible. Por supuesto, no en un DeLorean, ni en una sofisticada máquina del tiempo, ni como propone la teoría de la relatividad, viajando a la velocidad de la luz para doblar el tiempo y el espacio. Es posible a través de la ventana de los recuerdos.

Una experiencia de mi niñez fue la inspiración divina para titular este episodio "Cuando las emociones del pasado te visitan", pues al confrontar la realidad parcial, todos, en algún momento, hemos viajado a nuestro pasado o nuestro pasado ha viajado a nuestro presente. Al igual que este joven atrapado en el auto de las emociones y recuerdos, nos hemos quedado estancados en él, intentando regresar a nuestro futuro, o al contrario, nuestro pasado ha irrumpido en nuestro presente y hemos deseado retornarlo a donde pertenece. Finalmente, entendí que mi pregunta sí tenía una respuesta.

Sí, el hombre puede viajar a su pasado, pero no en una máquina del tiempo; viaja emocionalmente a través de sus recuerdos y sentimientos. Quiero ser claro en el hecho de que el hombre puede hacerlo, pero no necesariamente debe. Esto no significa que sea correcto o incorrecto; apunto al claro hecho de *"Todo me es lícito, pero no todo me conviene"* (1 Cor. 6:12). Aprendí de una amiga, la Conferencista Vilmarie Morales, que el pasado es un lugar de referencia, no de residencia.

El pasado es un lugar de referencia, no de residencia

#carceldelossentimientos

Cuando se intenta corregir un error o eludir las consecuencias de decisiones anteriores, el estado de tu corazón es esencial para superar aquellos recuerdos sin rostro que han irrumpido en tu presente.

RECUERDOS SIN ROSTRO EN EL ALMA

La voluntad de Dios nunca ha sido que el ser humano permanezca atrapado emocionalmente en su pasado. Esta intención divina se refleja en versículos como el del libro del profeta Isaías: «Olviden lo que pasó; no vivan pensando en el pasado. Estoy por hacer algo nuevo» (Isaías 43:18-19 NVI). El estándar ético de lo Eterno siempre ha estado orientado a realizar una nueva obra en tu presente, que impactará tu futuro.

Antes de profundizar en mi argumento, quiero clarificar que en este contexto no me refiero a ninguna forma de acto regresivo, ya que eso corresponde a un procedimiento clínico psicológico. Asimismo, no respaldo la perspectiva metafísica sobre las maldiciones generacionales.

Me refiero a la idea que sugiere que si no renuncias al pasado que Cristo ya enterró y del cual te liberó, de alguna manera, tu destino divino podría verse comprometido. Esta teología distorsionada propone que si no te has arrepentido de los pecados de tus ancestros o anulado las maldiciones heredadas de tu linaje, nunca lograrás auténtica libertad.

¿Acaso el sacrificio de Cristo es insuficiente? ¡La obra redentora de Cristo es total y absoluta! La gracia es suficiente para alcanzar tu pasado, afirmar tu presente y perfeccionar tu futuro. Sostengo fielmente que el día que tomaste la decisión de carácter irrevocable de servir a Cristo, él perdonó y restauró todo tu pasado y aún más, por su obra redentora hasta tu futuro.

Creo que cuando no se asume responsabilidad sobre las consecuencias, es fácil ocultar comportamientos adquiridos y la falta de autocontrol detrás de la idea de "Maldiciones Generacionales".

En otro aspecto, me refiero a esos recuerdos indefinidos, esas sensaciones de déjà vu que perturban la serenidad de tus pensamientos, emergiendo inesperadamente y afectando tu autoestima y claridad mental. Imagina que estás caminando por un lugar y, de repente, escuchas una melodía que despierta sentimientos que creías perdidos.

Estas memorias no siempre traen imágenes claras; puede que no recuerdes un evento en particular, pero sí sientes y revives emociones pasadas. Son esos momentos en los que ves a alguien que no identificas, pero de inmediato, antes de que puedas recordar, una emoción surge desde tu subconsciente. Puede ser tristeza, confusión, alegría o desilusión.

Te hace preguntarte: ¿Qué experiencia tuve con esta persona para sentir este vacío al verla? ¿Por qué me siento así? Quizás un aroma o el color de sus ojos te llevan a un recuerdo que te deja desarmado. Es una jugarreta del corazón que nadie quiere experimentar.

Recuerdo la experiencia vivida con una joven durante una conferencia por Zoom que impartía con una iglesia del estado de Florida. En mi charla, mencioné la diferencia entre batallar con un sentir y manifestarlo. Es decir, entre luchar contra un deseo pervertido y dejarse dominar por él, convirtiéndose en un esclavo del pecado.

Honestamente, después de evaluar la experiencia, concluí que mi ejemplo fue irreverente y extremo para mi propósito, que era explicar mi postura. Dije que la visitación de pensamientos pedófilos no era pecado, sino que el pecado residía en consumarlos, permitiendo que se alojen en tu mente. Mi intención en aquel instante era puntualizar que el poder transformador de Dios alcanza al que ha tenido pensamientos pedófilos u homicidas; pero en aquel escenario, mi expresión sirvió a otro propósito fuera del mío.

Una joven presente en la sesión de Zoom explotó en llanto y, al terminar la sesión, se comunicó con el organizador del evento para hacerle reclamos por mis expresiones durante el mismo. Su reclamo consistía en rechazar el hecho de que Dios podría perdonar a alguien que hubiera tan siquiera pensado en abusar sexualmente de un niño o niña.

Ella insistía diciendo: *"No me digas que no está en pecado una persona que ha tenido el pensamiento de la pedofilia; yo fui abusada y sé cuánto duele".*

Descubrí que la mayor molestia de aquella joven no estaba en la imprudencia de mi argumento, sino en su experiencia de dolor, el recuerdo (que en este caso tenía rostro) que viajó de su pasado a su presente y ahora interrumpía la koinonía de aquella reunión. Cuán dificultoso es para algunas personas comprender este principio cuando se tocan temas tabú.

¿Cómo podremos poner en un lugar seguro al que recurrentemente le visitan estos malos pensamientos? ¿Sencillamente le pondremos el estigma de ser alguien dañado? ¿O en su defecto, como comunidad restauradora, abriremos el diálogo de cómo vencer al corazón cuando un sentir impuro lo visita, ya sea homicidio, chisme, adulterio, hurto o cualquier inmoralidad?

Evidentemente, de ninguna manera pretendía aprobar, ni tan siquiera ser tolerante con alguien que ha contemplado cometer el delito de pedofilia; solo intentaba exponer lo complejo y traicionero que es nuestro corazón (mente) cuando se trata de la generación de pensamientos.

Sin embargo, mencionar la posibilidad de alguien batallando con pensamientos pedófilos fue suficiente para que aquel trauma escondido en el corazón se encarnara en el presente de aquella joven. En aquel momento, su alma gemía por regresar a su futuro presente.

El Dr. Sinclair Ferguson, en su libro "Lessons from the Upper Room", argumentó acerca de este fenómeno diciendo: «pensamos con los sentimientos», refiriéndose no solo a la inteligencia del corazón, sino también a la interconexión entre el alma y los recuerdos. Entonces, ¿dónde se encuentran archivados los recuerdos? ¿Estarán solo en el cerebro?

LOS RECUERDOS ESTÁN EN EL ALMA

Permítanme presentarles la teoría de que los recuerdos residen en el alma, no sólo en el cerebro. Tomemos como referencia la parábola contada por Jesús en el evangelio de Lucas (16:19-31). El hombre rico, tras su muerte, recordaba todo: a Lázaro el mendigo, a su padre y a sus cinco hermanos.

Si aceptamos la visión de la medicina moderna que establece que la muerte ocurre cuando cesa la actividad cerebral, ¿cómo podría este hombre tener tales recuerdos? En la parábola, su cerebro ya no funcionaba, pero en su alma los recuerdos permanecían. Por supuesto, no debemos olvidar el propósito de las parábolas. A través de ellas, el Maestro de Galilea transmitía enseñanzas, no necesariamente hechos históricos reales.

Sin embargo, consideremos otro pasaje que aborda la misma idea desde otro contexto. En la visión que Juan tiene durante su exilio en la Isla de Patmos, describe lo siguiente:

> «Cuando abrió el quinto sello, vi bajo el altar las almas de los que habían sido muertos por causa de la palabra de Dios y por el testimonio que tenían. Y clamaban a gran voz, diciendo: ¿Hasta cuándo, Señor, santo y verdadero, no juzgas y vengas nuestra sangre en los que moran en la tierra? Y se les dieron vestiduras blancas, y se les dijo que descansaran todavía un poco de tiempo, hasta que se completara el número de sus consiervos y sus hermanos, que también habían de ser muertos como ellos.»
>
> — APOCALIPSIS 6:9-11 [RVR60]

Juan describe tres cosas importantes a resaltar. En primer lugar, lo que estaba viendo eran "las almas de los que habían muerto". En segundo lugar, Juan reporta su actividad (clamaban a gran voz). Y, en tercer lugar, recordaban lo que en vida les había sucedido, pues decían: "¿Hasta cuándo,... no juzgas y vengas nuestra sangre en los que moran en la tierra?".

En otras palabras, estas almas estaban activas y conscientes del suceso, recordaban el trauma que había terminado con su vida en la tierra. Una emoción del pasado que estaba presente debajo del altar celeste. El texto no suministra nombres, solo nos permite contemplar los recuerdos sin rostro en el alma de aquellos mártires.

Si esta teoría resultase ser completamente cierta, ¿cómo identificar cuándo una emoción del pasado te visita? ¿De qué manera sería beneficioso conocer esto? Cuando se lucha por regresar al presente emocionalmente, el riesgo no está en exponerse o no exponerse al recuerdo; el verdadero riesgo está en desconocer cuál de tus sentidos puede ser el receptor que detonará un recuerdo sin rostro.

Se ha comprobado que una emoción impulsada por un recuerdo puede encarcelar tu corazón, capturando tus pensamientos y, por consiguiente, empujarte a actuar en pos de su desenfreno.

Hay emociones que caducan en nuestra vida, y otras tienen la capacidad de resucitar usando nuestros recuerdos y sentidos.
#carceldelossentimientos

Nadie puede hacer alardes de conocer a ciencia cierta las profundidades inexploradas del alma, pues hay emociones que caducan en nuestra vida, y otras tienen la capacidad de resucitar usando nuestros recuerdos y sentidos. Por tal razón, es menester educarse en cómo lidiar con los recuerdos sin rostro y, aún más, cuando estos quieren sepultarte en tu pasado.

EL "DELOREAN" DEL SENTIDO AUDITIVO

Permítanme ampliar el espectro de este pensamiento señalando que, en la mayoría de las ocasiones, nuestros recuerdos se activan a través de nuestros sentidos. Por ejemplo, escuchó una canción romántica mientras hacía sus compras en el supermercado y era la misma que solía escuchar con su primera relación amorosa. Al oírla, se activó un recuerdo en su memoria: aquel primer beso. Pero lo más increíble es que, junto con el recuerdo, le acompañó la sensación que experimentó ese día, lo cual resulta ser un poco incómodo dada su situación sentimental actual.

Por supuesto, no lo planificó y mucho menos lo deseaba, pero un recuerdo no deseado le visitó, tomándole por sorpresa. Un recuerdo activado por uno de sus sentidos: la audición. Es en este tipo de experiencias donde descubres lo susceptible que eres a los estímulos sensoriales. Algo así como subirte al DeLorean de la película "Back to the Future" y quedar atrapado en un sentimiento, siendo transportado por el vehículo del sentido auditivo.

En hebreo, "oído" se pronuncia "Azén", algunas referencias lo definen como: amplitud, presencia de un sonido descifrado en la mente. Por ende, el sonido captado por nuestros receptores (oídos) se comprende cuando es descifrado por una imagen en nuestra mente. Se cree que un dieciocho por ciento de la percepción sensorial de un ser humano es atribuida al sentido auditivo.

Como expliqué en capítulos anteriores, nuestro ser interior se alimenta de lo que ve y oye. Veamos lo ilustrado entre líneas en este pasaje del libro de Job:

> "Porque el oído prueba las palabras, como el paladar
>   gusta lo que uno come."
>
> — JOB 34:3 [RVR60]

Así como nuestra alimentación influye en cómo nuestro cuerpo reacciona y se comporta, ya sea que esté saludable o enfermo, también la reacción de nuestra alma y su salud emocional dependen de aquello a lo que le prestamos atención de forma receptiva.

Se cree que lo que escuchamos y vemos alimenta o contamina nuestro ser interior. Por tanto, es imprescindible conocer que la percepción auditiva influirá, de muchas formas, en tus sentimientos y emociones.

La idea de que lo que escuchamos nos afecta psicológica y emocionalmente es una creencia que ha sido explorada por muchos psicólogos y neurocientíficos a lo largo de los años. La música, por ejemplo, ha demostrado tener un impacto significativo en nuestro estado de ánimo, cognición y comportamiento.

Albert Bandura, con su teoría del aprendizaje social, sugiere que aprendemos y modelamos nuestro comportamiento basándonos en lo que observamos y escuchamos de otros. Esta teoría sugiere que si estamos constantemente expuestos a mensajes negativos o violentos a través de lo que escuchamos, es probable que nos influencie de alguna manera. Además, la neurociencia ha demostrado que diferentes frecuencias y ritmos en lo que escuchamos pueden afectar directamente a diferentes áreas de nuestro cerebro, lo que puede influir en nuestras emociones y estados mentales.

Muchos autores centrados en la autoayuda y la motivación con bases religiosas resaltan frases con el objetivo de despertar el potencial interno de aquellos que cultivan el hábito de escuchar y crecer a través de la disciplina de la lectura: "Nuestra boca tiene poder creativo", "Lo que dices, recibes" y "La vida y la muerte están en manos de la lengua", entre otras.

Más que adherirnos a una fórmula mística que nos exima de la responsabilidad y adecuado manejo de nuestras emociones, es vital entender que no solo lo que decimos afecta nuestro estado de ánimo, pensamientos, emociones, sentimientos y ambiente, sino también lo que escuchamos.

En línea con este argumento, se encuentra lo escrito por el salmista cuando afirmó:

> «Házme oír gozo y alegría, y se recrearán los huesos que has abatido»
>
> — SALMOS 51:8 [RVR60].

En otras palabras, el salmista está solicitando: *"Cámbiame lo que escucho para que sea restaurado mi interior"* [énfasis añadido]. Cabe la posibilidad de que el salmista haya realizado esta expresión en un momento en el que todas las noticias que recibía eran de carácter triste y desesperanzador.

A pesar de esto, su clamor fue "házme oír gozo y alegría".

Al alterar los susurros que acarician tu oído, despiertas un misterioso giro en el laberinto de tu ser y revolucionas tu esencia interna.

#carceldelossentimientos

Lo que cautiva mi atención del texto es que el salmista no solicita que sus huesos sean restaurados. ¡No! Su petición parece ser parte de una reacción en cadena, como si hubiera dicho: *"Cámbiame lo que escucho y, por consecuencia, mi cuerpo reaccionará restaurándose (y se recrearán los huesos que han sido abatidos)"*. Es decir, cuando hay un cambio en lo que escuchas, hay un cambio en tu sistema.

Investigaciones de universidades especializadas en estímulos sensoriales indican que las personas obtienen nutrición de diferentes formas:

• **Física:** A través de la ingesta de alimentos.

• **Emocional:** Mediante el respeto, la valoración y el amor.

• **Espiritual:** A través de rituales y prácticas que involucran los sentidos.

Al alterar los susurros que acarician tu oído, despiertas un misterioso giro en el laberinto de tu ser y revolucionas tu esencia interna.

En esencia, ser integral no implica solo escuchar a través del aparato auditivo, ya que, de ser así, no podríamos escuchar nuestros pensamientos. De igual manera, escuchamos las impresiones del alma.

Al sintonizar con nuestro oído, distintas áreas de nuestra mente y emociones se ponen en marcha simultáneamente, moldeando nuestra percepción del mundo. Entre estas áreas se encuentran:

Imaginación: Las palabras tienen el poder de evocar imágenes vívidas. Recuerdo escuchar una emisora con mi abuelo durante mi juventud; el timbre del locutor me hacía visualizarlo de una forma particular, asociando su voz con ciertos rasgos físicos. Sin embargo, al conocerlo en persona, me sorprendió descubrir que mis suposiciones estaban desacertadas. Mi audición había influenciado mi imaginación.

Emociones: En tiempos donde la televisión aún no existía, las radionovelas eran populares. A menudo, veía a mi abuela emocionarse y derramar lágrimas escuchándolas. A pesar de la falta de imágenes visuales, las inflexiones de voz de los actores radiales tenían la capacidad de tocar sus emociones profundamente.

Comprensión y Cognición: Nos permite analizar, entender y aprender. Nuestro intelecto se nutre en gran medida de lo que escuchamos, como lo sugiere el pasaje "La fe viene por el oír..." (Romanos 10:17 RV60). Aunque el oído juega un papel crucial en este proceso, no es el único medio; por ejemplo, las personas sordas también pueden comprender y seguir instrucciones sin necesidad de oír.

Ciertamente, el sentido auditivo puede funcionar por instantes como ese DeLorean que nos transporta a nuestro pasado o, viceversa, nuestro pasado a nuestro presente. Pues todas mis emociones se activan por mis pensamientos, de forma consciente o inconsciente.

Se dice que el noventa por ciento de nuestros pensamientos se producen de forma inconsciente. Todo depende de cuán atento o sobrio estés de lo que tus oídos están escuchando. El consejo bíblico afirma sobre esto:

«Haz atento tu oído a la sabiduría»

— PROVERBIOS 2:2 [RV60]

EL DETONADOR DE LOS VIAJES EMOCIONALES

La teóloga Barbara Brown Taylor contó una historia sobre una iglesia que estaba celebrando la Cena del Señor, un ritual importante en muchas religiones. Mientras un líder de la iglesia hablaba sobre el sufrimiento de Cristo, mencionando cosas como que "fue lastimado por nosotros", una mujer en el público reaccionó con mucha emoción. Aunque ya conocía la historia de Cristo, esas palabras le recordaron su propia experiencia de abuso doméstico. Esto causó que aquella mujer hiciera emocionalmente un viaje a su pasado, reviviendo su tragedia.

Brown contó cómo las palabras sobre el sufrimiento de Jesús hicieron que la mujer recordara su propio dolor. Fue como si mentalmente volviera a esos momentos difíciles. Según Brown, la mujer empezó a sudar, se puso muy nerviosa, comenzó a llorar y finalmente salió corriendo de la iglesia muy afectada.

¿Qué le sucedió a esta mujer? ¿No se supone que al citar las escrituras debería prevalecer una atmósfera de paz? La realidad es que hay impresiones y heridas alojadas en nuestra alma que, al no ser atendidas a tiempo, pueden resurgir en el momento más inesperado.

Hay impresiones y heridas alojadas en nuestra alma que, al no ser atendidas a tiempo, pueden resurgir en el momento más inesperado.

#carceldelossentimientos

ENCARCELADO POR UN SENTIMIENTO DEL PASADO

Tenía unos veintitrés años cuando escuché por primera vez en la radio la canción "Veredicto Final", producida por un cantautor cristiano puertorriqueño. La misma narraba en trova el caso de un joven ante un juzgado por un crimen cometido. En la canción, el joven era incriminado por el fiscal y, ante esto, solicita la palabra para explicar el motivo de sus acciones.

Al finalizar su testimonio, el joven exige sorpresivamente que toda su condena sea transferida a su padre; a su padre por no dedicarle el tiempo que él merecía, por no estar presente en su desarrollo y por nunca llevarlo al parque. Es un tema musical apto para sensibilizar a aquellos con escasa percepción del deber paternal.

Sin embargo, en mí, el efecto fue diferente, ya que abrió una puerta a un rincón oscuro que hacía mucho no visitaba y que creía haber olvidado. Sin piedad, una emoción del pasado me visitó. Inesperadamente, y como quien recibe un golpe sin aviso, comencé a llorar desconsoladamente mientras escuchaba la canción. Confieso que perdí el control y me encontré enfrentando una emoción sin forma, un vacío del pasado que había intentado ocultar con rituales religiosos y cantos.

En mi desesperación emocional, buscaba una figura paternal con la cual llenar el hueco causado por la ausencia de un padre y terminé llamando a mi quien era mi pastor en aquel tiempo. ¡Qué grave error! Le conté mi experiencia y, para mi sorpresa, él le restó importancia, reduciendo mi dolor a una mera reacción de inexperiencia, producto de mi inmadurez según su perspectiva.

Una leve risa fue la forma que eligió mi pastor para mostrarme su "empatía" en medio de este torbellino emocional. Debo confesar que aquella miserable risa burlona consiguió desajustarme, bloqueando toda posibilidad de que me abriera a buscar ayuda. Me expreso crudamente, no porque esté resentido de alguna manera, sino porque quiero que puedas percibir la emoción que me angustiaba en ese momento.

Comencé una lucha solitaria con este sentimiento déspota del pasado, una batalla sin tregua, con la necesidad de volver a mi futuro y descubrir que había cambiado. Me sentía como el salmista cuando expresó:

«Mientras callé, se envejecieron mis huesos, en mi gemir
todo el día.»

— SALMOS 32:3 [RV60].

Apenas llevaba dos años fungiendo como evangelista, y fue tal la angustia de mi experiencia, que aunque oraba y ayunaba constantemente, bastaba con recordar o escuchar una melodía semejante a esa canción para que me desmoronara en llanto.

No podía sentarme a ver una película en la que un padre estuviera compartiendo en un parque con sus hijos, porque comenzaba a llorar. Hoy día, pienso que si alguien en aquel momento hubiese querido verme llorar, solo tendría que mencionar el tema de esa canción y era suficiente para que me desmoronara como un niño herido. Para alguien que solía ser optimista, alentador y alegre, como yo, esta conducta era perturbadora. No comprendía por qué un sentimiento, que creía haber suprimido, me visitaba en esta etapa de mi vida.

Me preguntaba: ¿Por qué otros temas sentimentales no me afectaban, pero esta canción sí? ¿Qué había en mi pasado que me ataba a esos sentimientos? Empecé a analizar esa canción en oración, en sintonía con el Espíritu Santo. Me di cuenta de que me identificaba con ella; mi niñez tenía muchas similitudes con la historia que relataba. Aunque había reconciliado con mi niño interior el día que le dije a mi padre "no te necesito", había empezado a revivir emocionalmente esa etapa en la que realmente lo necesitaba.

Al mismo tiempo, cada vez que la recordaba, me conectaba a momentos hermosos que viví con mi papá y, en contraparte, a los momentos en los que lo necesité y no estaba. Sin duda, era un torbellino de emociones y sentimientos extrañamente amargos. ¿Por qué sucedía esto si ahora era una nueva criatura en Cristo? ¡Precisamente esa es la principal razón! Ser una nueva criatura en Cristo.

La regeneración espiritual que el Apóstol Pablo propone en su segunda carta a la comunidad de Corinto me permitió entender estos viajes en el tiempo a nivel emocional. Pablo dice: «De modo que si alguno está en Cristo, nueva criatura es; las cosas viejas pasaron, he aquí todas son hechas nuevas» [2 Co. 5:17 RV60]. El nuevo nacimiento implica una nueva percepción de la realidad; espiritualmente, se vuelve a ser como un niño.

El corazón de piedra vuelve a latir, recuperando la sensibilidad que antes había perdido. Es por esta razón que, al iniciar en la fe, usted era más sensible a las necesidades de los demás, a la voz de Dios y, por supuesto, a sus propias emociones. Conociendo este proceso, Pablo desarrolló una teología progresiva basada en tres etapas que se subyacen en el pasaje mencionado. En primer lugar, el despertar de un nuevo ser o un renacimiento. En segundo lugar, el declive de lo antiguo (las cosas viejas pasaron) y, finalmente, pero no por ello menos importante, la concesión de una nueva oportunidad (he aquí, todas las cosas son hechas nuevas).

DE VUELTA AL FUTURO...SANANDO LOS RECUERDOS

Ciertamente, quien ha nacido de nuevo estará más vulnerable a las emociones; por ende, te visitará, como ocurrió en mi caso, una emoción del pasado. Nunca podremos viajar físicamente a nuestro pasado para enmendar un error; sin embargo, todos los días Dios te regala una nueva oportunidad. Estas nuevas oportunidades resultan ser una especie de máquina del tiempo de Dios, que en el presente sana los recuerdos del pasado. La tarea difícil es identificar esas nuevas oportunidades que te ayuden a sanar.

En mi caso, comencé mi proceso de sanidad identificando un mentor con quien pudiera ventilar mi problema sin que a este se le alterara la imagen que tenía de mí como ministro. No todas las personas están capacitadas para enfrentar tu humanidad sin perder de vista la obra de Dios en ti.

No todas las personas están capacitadas para enfrentar tu humanidad sin perder de vista la obra de Dios en ti.

#carceldelossentimientos

En segundo lugar, dejé de buscar sustitutos para mi papá. Entendí que ninguna figura sustituirá la presencia de Dios como Padre en mi vida. Y en tercer lugar, decidí aceptar la orden de excarcelación que el Espíritu Santo emitió para mí.

Simplemente decidí disfrutar mis nuevas oportunidades. ¡Así de sencillo, lo decidí! Y fue ese el instante en que sané. Hoy día, disfruto de la nueva oportunidad de disfrutar a mi hijo; escucharlo sonreír es suficiente para energizar mi día.

Manifiesto amor en quien necesita orientación; esto me ayuda a sembrar lo que no recibí, es decir, extender la gracia, aunque otros no me la hayan extendido en su turno al bate. Por tanto, si de alguna forma no has podido regresar a tu futuro, comienza con identificar las nuevas oportunidades que Dios te ha dado.

Puede que te sientas atrapado(a) por una sombra de culpa que se cierne sobre ti, recordando aquellos momentos en que tu trabajo consumía tus días, robándote esos preciosos instantes con tus hijos durante su infancia. O quizás ese peso en el pecho viene de la dolorosa decisión de emigrar de tu país, dejando a tus hijos bajo el cuidado de un ser querido.

Es posible que las lágrimas broten cada vez que piensas en aquella llamada de un amigo o familiar que ya no se encuentra a tu lado. Sin embargo, es esencial que levantes la mirada, limpies esas lágrimas y reconozcas que, frente a ti, hay un nuevo camino lleno de oportunidades esperando ser descubierto. Cada día es una nueva oportunidad para sanar, para redimir esos momentos y para construir un nuevas memorias junto a tus seres queridos.

De seguro, si no has disfrutado como hubieras querido a tus hijos, hoy Dios te ha bendecido con nietos: disfrútalos al máximo. Dios es el único que trae tu pasado al presente, porque Él no quiere que tú lo visites. Cuando traes tu pasado al presente es con el único propósito de restaurar lo que pasó. Pues Dios ha puesto eternidad en nuestros corazones (Eclesiastés

3:11 RVR60); es decir, en tu corazón no hay ni habrá límite de tiempo, lugar o espacio. ¡Bienvenido de vuelta al futuro!

Principios a extraer de este capítulo:

¿Cuál fue el momento más revelador del capítulo para ti?

¿Cómo se relaciona este contenido con experiencias pasadas en tu vida?

¿Qué acción o cambio te sientes inspirado a realizar después de leer este capítulo?

CÁRCEL DE LOS SENTIMIENTOS

Episodio 6

Watch video

ESCANÉAME

Escanéa el código con tu celular
para acceder el estudio del capítulo

CAPÍTULO 7

Adictos a la Prisión

LAS REPERCUSIONES DE CONSUMIR SENSACIONALISMO

> "Los cristianos debemos librarnos de dos extremos igualmente peligrosos y dañinos: el de un cristianismo emocional carente de doctrina y el de un cristianismo cerebral carente de emoción"
>
> — SUGEL MICHELEN

¡Ya no siento a Dios! Esta fue la exclamación angustiada de un amigo, que sentía un vacío profundo y una desconexión de la presencia divina. Esta manifestación de desesperación surgía de alguien cuyo entendimiento y conexión con Dios había sido, en gran medida, a través de sus emociones y percepciones sensoriales.

Su experiencia de Dios no estaba anclada en una fe inquebrantable, sino en las inestables variantes de sus sentimientos. Este enfoque en su relación con el Espíritu Santo lo había llevado, quizás inconscientemente, a alejarse de uno de los mensajes más profundos impartidos por Jesús: "Bienaventurados los que no vieron y creyeron". Este mensaje nos habla de la fe pura, aquella que no necesita de signos tangibles ni manifestaciones sensoriales para creer y confiar.

¡Definitivamente! No es mi intención contradecir lo que hemos discutido anteriormente. Ya mencionamos en capítulos previos que Dios puede manifestarse, y aún más, comunicarse a través de nuestras emociones en momentos particulares. Sin embargo, el riesgo está en depender excesivamente de ellas. Dicho de otra manera, es sucumbir al placer de permitirnos una adicción a nuestras emociones.

Depender de las emociones para discernir o sentir a Dios puede ser engañoso, ya que, como abordamos en las primeras secciones, el corazón no siempre es un juez fiable de lo que recibe; puede que en algunas ocasiones acierte y en otras no.

Es peligroso permitirnos sucumbir al placer de una adicción a nuestras emociones.

#carceldelossentimientos

Es alarmante observar que algunos creyentes basan sus decisiones en sus sentimientos, considerándolos como un indicador irrefutable. Tal vez hayas oído decir: "Actúo de esta manera o evito hacerlo porque 'no siento paz'". Esta percepción de paz a menudo refleja la volatilidad de nuestra naturaleza imperfecta.

Si bien es cierto que acercarse a la voluntad de Dios frecuentemente genera una sensación de paz, también hay ocasiones en las que esa sensación puede estar ausente y, en esos casos, la base para tomar decisiones debería ser más sofisticada y fundamentada.

Es posible que Dios esté comunicando un mensaje, pero tus emociones alteren su contenido; al mismo tiempo, en contra parte, tus emociones podrían presentarlo en su forma más genuina.

¡Indudablemente, Dios puede superar las restricciones de nuestra naturaleza humana! No obstante, es parte de su principios éticos dejar que su creación funcione como fue originalmente concebida, o de forma contraria, según las limitaciones impuestas por el pecado.

Si bien Dios tiene la toda capacidad de intervenir, a veces opta por restringirse a sí mismo como una manera de manifestarse de formas inesperadas. Un Dios que se expresa y comunica tanto con sonidos al alma como, a través del silencio.

¿ENTONCES, DIOS SE PUEDE SENTIR O NO SE PUEDE SENTIR?

Recuerdo que en mis primeros pasos en la fé, me adapté de manera inconsciente a sentir a Dios en mi cuerpo. Hablo de esa sensación donde se te eriza la piel. Seguro has oído a alguien decirte mientras relata una experiencia emocionante acerca de Dios, "mira, mira, se me pone la piel de gallina". Esta manera de entender a Dios tiene un fundamento.

Encontré un verso bíblico interesante que podría arrojar algo de luz sobre el origen de esta forma de reacción. En el libro de Job está escrito:

> "Un espíritu pasó ante mí, Y el pelo de mi carne se erizó".
>
> — JOB 4:15 **(RVR1960)**

Aunque a partir de un solo verso no podemos construir toda una teología, es curioso notar que en tiempos antiguos, la reacción física de las personas ante el mundo espiritual a menudo implicaba la piel erizándose, o en todo caso de esta forma se entendía esta reacción.

Recuerdo que al experimentar el nuevo nacimiento, me volví más sensible a la percepción del mundo espiritual, e incluso mis emociones se intensificaron. Cada vez que alguien me hablaba de algo espiritual que me afectaba profundamente, sentía "la piel de gallina". Llegué a un punto donde asociaba esta reacción física con la presencia de Dios en un lugar.

Pero todo cambió un día mientras pasaba frente a una cantina y escuché una canción de Juan Gabriel, un cantautor mexicano que mi mamá solía escuchar. Aunque la canción siempre me había emocionado, nunca antes había provocado esa reacción en mi piel. Pero ese día, mientras caminaba frente a la cantina, sentí como la piel se me erizaba.

Esta experiencia me dejó confundido, preguntándome cómo podía ser que una canción que no mencionaba a Dios me hiciera sentir su presencia. Tal vez para alguien que no sigue la fe pentecostal esto suene extraño, pero para alguien que ha experimentado manifestaciones reales del Espíritu Santo asociadas con la piel erizándose, fue desconcertante.

Dios utilizó este momento de confusión para hacer madurar mi fe, llevándome a buscar un entendimiento más profundo. Me di cuenta de que me estaba volviendo más adicto a la sensación física que a la verdadera esencia de Dios.

Esa semana tomé la decisión de pedirle al Espíritu Santo que me enseñara a discernir su presencia de una forma más profunda, que no dependiera solo de una reacción física. Así empecé a buscar ser más juicioso que emocional cuando se trata de las manifestaciones de Dios.

Hoy en día, para tomar decisiones, recurro a múltiples fuentes, no solo a "sentir paz" en mi corazón. Un conocimiento profundo de las Escrituras y una comprensión sólida de las prácticas y tradiciones de mi comunidad de fe me han ayudado a tener un mejor criterio respecto a cómo Dios se manifiesta en diferentes entornos.

Aunque puede parecer algo práctico, lo que comparto se aplica también a otras áreas de la vida. Hay personas que son adictas a sentir tristeza, mientras que otras tienen una fuerte inclinación hacia la melancolía. Joyce Mayer, en su libro "Controlando sus emociones", habla de esto, señalando que el Señor se sirvió de esa experiencia para enseñarle una importante lección, a lo cual escribe:

"Muchos de nosotros tenemos adicciones emocionales. Al igual que muchos, me encontraba tan adicta a la preocupación que si no hubiera tenido de qué preocuparme, ¡me habría preocupado porque no tenía nada de qué preocuparme!

Habrá días en los cuales Dios traiga momentos emocionantes, pero no debemos pasarnos la vida buscando esos picos emocionales.

Hay veces que mis reuniones son emocionantes, y cuando así se dan las cosas, me siento agradecida. Doy por sentado que el Señor pensaba que necesitaba ese poco de aliento para ayudarme a seguir adelante.

Pero aún así debemos ser cuidadosos, porque el entusiasmo crea un deseo de sentir un entusiasmo aún mayor. Si no somos juiciosos, iremos en pos del entusiasmo en vez de buscar la voluntad de Dios. Podemos comenzar a pensar que si un culto en la iglesia no resultó emocionante, que algo andaba mal."

Quise traer a colación esta cita del libro de Joyce Meyer porque creo que le arroja luz a lo que trato de explicar. Si no nos cuidamos de volvernos adictos a una sensación o emoción que nos aprisiona, nos tornaremos en "adictos de nuestras prisiones emocionales". Por irónico que suene, el necesitar este tipo de sensación para disfrutar de un culto o de una conversación puede sabotear, más adelante, cómo percibimos la aceptación de Dios, porque pensaremos que ya no sentir a Dios es una señal de que él nos está desaprobando.

Creo que Jesús apela a eso en los evangelios; por supuesto, en la cultura de Jesús no se entendían los términos que nosotros estamos usando, pero sí podemos percibir el apego que su cultura tenía al sensacionalismo que producía esas grandes historias de los portentos que Dios había hecho en la antigüedad.

Tomando en cuenta esto, Dios, a través de Jesucristo, le habló de esto a la mujer samaritana, sabiendo que ella compartiría lo que él le dijo, y no dudó en decírselo:

> [23] Mas la hora viene, y ahora es, cuando los verdaderos adoradores adorarán al Padre en espíritu y en verdad; porque también el Padre tales adoradores busca que le adoren. [24] Dios es Espíritu; y los que le

adoran, en espíritu y en verdad es necesario que adoren.

— JUAN 4:23-24 REINA-VALERA 1960

NO TE AFERRES A LA SENSACIÓN AFERRATE A LA ESENCIA

En su expresión Jesús estaba apuntando a las personas que se emocionaban al adorar en lugares especiales, como Jerusalén para los judíos o montañas para los samaritanos. Los judíos creían que Jerusalén, basado en 1 Reyes 8:29, era el sitio indicado para adorar. Los samaritanos, por su parte, consideraban el monte Gerizim como el lugar correcto debido a Deuteronomio 27:4-6. La mujer samaritana incluso le habla a Jesús sobre esta diferencia en Juan 4:20.

Pero aquí está el punto principal: ambos grupos tenían historias antiguas muy emocionantes sobre lo que pasó en estos lugares, como las experiencias de Elías, Abraham y Salomón. Puedes imaginarte lo emocionante que debió haber sido escuchar y recordar estas historias.

Sin embargo, Jesús les dice algo revolucionario en Juan 4:21 y 4:24: *"Mujer, créeme, que la hora viene cuando ni en este monte ni en Jerusalén adoraréis al Padre."* Y añade que *"Dios es Espíritu y los que le adoran en espíritu y en verdad es necesario que adoren"*.

Jesús estaba enseñando que la verdadera adoración no se trata de un lugar o de cuán emocionado te sientas, sino de adorar a Dios sinceramente, desde tu espíritu. Es una conexión profunda que va más allá de lo que podemos sentir con nuestros sentidos o lo que podamos experimentar debido al sensacionalismo.

EL RIESGO DEL SENSACIONALISMO

El sensacionalismo es usar información de una manera exagerada y dramática para causar emociones fuertes y llamar la atención, aunque esto a veces signifique alejarse de la verdad. Esto puede hacer que nos volvamos "adictos de la experiencia" y que no nos demos cuenta de lo que realmente importa.

El sensacionalismo magnifica la información buscando provocar emociones y capturar la atención, a menudo alejándonos de la verdad y volviéndonos insensibles a la esencia real.

#carceldelossentimientos

Algo similar mencionó Neil Postman en su libro "Divertirse hasta morir: El discurso público en la era del «show business»", donde apuntó que, en la actualidad, las personas suelen preferir aquello que las entretiene por encima de la realidad auténtica. Esto implica que, si algo nos toca emocionalmente, existe una mayor probabilidad de que nos manipulen, llegando incluso a aceptarlo como algo útil y necesario.

Es semejante a la situación en la que una celebridad realiza alguna acción sorprendente en las redes sociales únicamente para obtener más "likes". Pero, ¿qué sucedería si trasladamos esta dinámica al contexto de la fe? Hay individuos que recurren a estrategias para provocar respuestas emocionales en los demás, aunque esto no se vincule con una verdad más profunda de nuestra espiritualidad. Se puede comparar con elegir un programa de televisión dramático en lugar de un libro que promueva la reflexión.

En el entorno de las iglesias, este comportamiento puede distanciar a las personas de las enseñanzas genuinas y hacer que se sientan fuera de lugar en espacios donde se persigue una comprensión más profunda. Como bien expresó C.S. Lewis: "No vayamos a la iglesia para ser entretenidos, sino para ser transformados". Aunque el entretenimiento no es malo siempre, deberíamos preguntarnos si nos está ayudando a crecer o simplemente nos está distrayendo.

DIOS NO SIEMPRE SE DEJARA SENTIR

Para ilustrar lo que quiero decir, déjenme compartirles una experiencia de uno de nuestros eventos hace algunos años. El objetivo principal del evento era fomentar experiencias personales y sobrenaturales con el Espíritu Santo.

Duró siete días y cada día había un orador diferente. A pesar de que la experiencia fue maravillosa, había un desafío: las personas tendían a comparar a los oradores entre sí.

Un orador era muy emotivo y pasional, moviéndose rápidamente por diferentes partes de la Biblia sin llegar a una idea central, pero su estilo atrapaba a la audiencia.

El segundo, en cambio, era calmado, centrado y se dedicaba a enseñar el evangelio con fidelidad. Después de su intervención, oró por los enfermos y varios de ellos recibieron sanidad. Sin embargo, una señora se acercó y me comentó que, aunque el segundo día fue bueno, no se comparaba con la emoción del primer día.

Le pregunté por qué sentía eso y su respuesta fue que el primer día fue más "emocionante". Insistí, quería entender su punto de vista. Me dijo que no recordaba exactamente lo que se había dicho el primer día, pero que la sensación había sido más intensa.

Fue en ese momento que comprendí que su conexión estaba con la sensasión, mas que con la esencia; más con el sentimiento que con el mensaje en sí. ¿Ven el problema aquí? La señora estaba tan atrapada en la emoción que pasó por alto la esencia del mensaje.

Prefirió la emoción momentánea, a pesar de que no recordaba el contenido, antes que una enseñanza coherente y un acto milagroso de sanidad. Es un recordatorio de lo cautivador que puede ser el sensacionalismo y cómo puede desviarnos del verdadero propósito y significado.

La adicción al sensacionalismo que produce una prédica llena de gritos y frases de relleno la hizo inmune a disfrutar la verdad del evangelio, solo porque quien la comunicaba no tenía los recursos que le proveían la droga anímica que su ser requería para validar la experiencia como una edificante.

En estas experiencias, es esencial tener discernimiento, ya que la adicción a una emoción puede confundir lo subjetivo con la verdad. El discernimiento nos ayuda a diferenciar lo auténtico de lo que solo aparenta serlo.

> "La palabra de Dios es viva (para discernir) y eficaz (para distinguir lo que es de lo que no es) y más cortante que cualquier espada... que separa el alma (la voluntad) del espíritu (de los impulsos) y discierne (diferencia la verdad de lo que parece ser verdad) los pensamientos e intenciones del corazón."

> — HEBREOS 4:12 (ÉNFASIS AÑADIDO).

Es aquí donde las emociones y sentimientos, aunque son recursos que Dios utiliza, pueden sabotear la esencia de nuestra espiritualidad. Orar y tomar decisiones no siempre viene acompañado de un sentimiento tangible de la presencia de Dios como señal de que estás en el camino correcto. En ocasiones, Dios opta por iluminar tu mente, dándote claridad ante los desafíos.

Puede que haya momentos donde sientas soledad, pero son instancias en las que Él busca fortalecer tu fe. Este deseo constante de sentir algo tangible, a menudo, puede llevar a adicciones del alma, donde buscamos validaciones emocionales en lugar de confiar en la palabra y gracia divinas. Aunque no percibas su presencia a través de tus sentidos, siempre contarás con su palabra y el recuerdo de su gracia en tu corazón. Por favor, aférrate a eso más que a cualquier otra cosa.

ADICCIONES EN EL ALMA

¿A qué me refiero con 'adicción a las emociones'? Según algunos profesionales en el campo de la salud mental, las emociones pueden volverse adictivas debido a la forma en que interactúan con el sistema de recompensa del cerebro. Varios neurocientíficos indican que, cuando experimentamos una emoción intensa, ya sea positiva o negativa, el cerebro libera neurotransmisores, como la dopamina, que nos brindan una sensación de placer o alivio. A continuación, un desglose más detallado del proceso:"

1. **Neurotransmisores y el sistema de recompensa**: Ciertas emociones, especialmente las más intensas, activan el sistema de recompensa del cerebro. Este sistema está vinculado a la liberación de neurotransmisores, en particular la dopamina, que nos proporciona sensaciones placenteras. Estos neurotransmisores son las mismas sustancias químicas liberadas cuando consumimos drogas o realizamos otras actividades adictivas.

2. **Refuerzo positivo**: Cuando las personas buscan intencionalmente situaciones que les causen una emoción particular, como ver una película triste porque quieren llorar o involucrarse en situaciones estresantes porque les gusta la adrenalina, están buscando ese "golpe" de neurotransmisores. Con el tiempo, este comportamiento puede volverse adictivo, ya que el

cerebro empieza a anhelar esas sustancias químicas.

3. **Emociones negativas y alivio**: No son solo las emociones positivas las que pueden ser adictivas. Las emociones negativas, como el estrés o la ansiedad, pueden activar la liberación de sustancias químicas que proporcionan alivio cuando la emoción se resuelve. Esto puede llevar a un ciclo en el que la persona busca activamente situaciones estresantes o angustiantes solo para experimentar el alivio posterior.

4. **Hábito y circuitos neuronales**: Con el tiempo, el cerebro puede establecer conexiones neuronales que refuercen la búsqueda de ciertas emociones. A medida que estos circuitos se refuerzan, puede volverse más difícil para una persona romper el ciclo de buscar y experimentar estas emociones, incluso si son perjudiciales para su bienestar a largo plazo.

Un autor relevante en este tema es el Dr. Joe Dispenza, quien ha investigado y escrito sobre cómo las emociones y los hábitos pueden cambiar nuestro cerebro y cuerpo. En su libro "Deja de ser tú" (Breaking the Habit of Being Yourself), Dispenza explora cómo los patrones emocionales pueden volverse adictivos y cómo las personas pueden romper estos ciclos para crear una nueva realidad para sí mismas.

Reflexionando sobre este fenómeno en el contexto de la Iglesia, es posible observar cómo, en ocasiones, se pueden favorecer experiencias emocionales intensas, buscando reafirmar la fe o vivir momentos espirituales profundos. Si bien estas experiencias pueden ser genuinas y transformadoras, es esencial reconocer si estamos buscando repetidamente estas emociones como una "dosis" de bienestar o alivio. En vez de buscar solo las emociones, deberíamos centrarnos en una relación profunda y auténtica con Dios, evitando caer en el ciclo de la "adicción emocional" dentro de nuestras prácticas espirituales.

"Esto es lo que Jesús intentó con los discípulos en el camino a Emaús cuando les abrió las Escrituras. Antes de explicarles las Escrituras, ellos mencionan:

> "¿No ardía nuestro corazón en nosotros, mientras nos hablaba en el camino y nos abría las Escrituras?"
>
> — (LUCAS 24:32).

Este era claramente un efecto emocional que sentían. Sin embargo, después de que Jesús les abrió las Escrituras y partió el pan,

"fueron abiertos los ojos de ellos, y le reconocieron; mas él se desvaneció de su vista" (Lucas 24:31).

¿Por qué desapareció Jesús? Desapareció porque, después de revelarles las Escrituras, ya no necesitaban verlo físicamente; ahora Él estaría presente en ellos (en sus corazones) de manera invisible a través de Su palabra."

Querido lector, puede que desees seguir sintiendo a Dios de la misma manera que lo hiciste al comienzo de tu fe. Es importante y admirable admitir que, en nuestras primeras etapas espirituales, Dios se vale de nuestras emociones y sentimientos para hacernos más conscientes de su presencia.

Y puede que nos aferremos a esas primeras respuestas emocionales. Sin embargo, con el tiempo, al igual que con una sustancia adictiva, requeriremos más intensidad emocional para sentirnos satisfechos. Es decir, anhelaremos experiencias emocionales más fuertes para mantener nuestra motivación.

Al igual que con una sustancia adictiva, requeriremos más intensidad emocional para sentirnos satisfechos.

#carceldelossentimientos

En estos momentos es muy importante cuidarte a ti mismo. No solo te bases en lo que sientes para saber si Dios está contento contigo; puede que a veces no lo sientas cerca, pero, al igual que les pasó a los caminantes de Emaus, ten la seguridad de que él sigue obrando y ayudándote en tu vida.

LOS VERDADEROS EFECTOS DE LA PAZ

Es esencial comprender que habrá momentos en los que Dios depositará en tu espíritu algo que tus sentidos no captarán, ya que es directamente para tu ser interior. En ocasiones, Dios podrá actuar en ti y provocar una respuesta emocional, mientras que otras veces lo hará sin que sientas una paz específica o una sensación de protección. Ante esto, podrías cuestionarte: ¿Cómo es posible? No toda intervención divina conlleva una sensación palpable de tranquilidad.

La paz trasciende el mero ámbito de las emociones. Es una

certeza que permanece incluso cuando nos enfrentamos a fuertes oleadas de miedo e incertidumbre. La paz es, en esencia, un estado constante de ser, un gobierno del Espíritu, no simplemente un sentimiento pasajero. Su ausencia momentánea en nuestros sentimientos no niega su activa influencia en nuestro bienestar. Como señaló Pablo en Colosenses 3:15: *"Y la paz de Dios gobierne en vuestros corazones".* Porque la paz es más que un simple sentimiento; es un fundamento estable en medio de cualquier circunstancia.

En el pensamiento bíblico, la paz tiene diversas interpretaciones. Por un lado, está la paz que es proporcionada de manera temporal, a la que Jesús se refiere cuando dice: "La paz que les dejo, mi paz les doy; no se la doy a ustedes como la da el mundo" (Juan 14:27). Aquí se distinguen dos variantes de paz: la que otorga Jesús y la que ofrece el "kosmos", que es traducido como "mundo". Es evidente que Dios siempre tiene el deseo de llevarnos más allá de lo que nuestra naturaleza humana nos puede ofrecer, invitándonos a experimentar la paz profunda y constante que proviene de su presencia.

Estimado lector, estoy convencido de que Dios desea que lo conozcas con todo tu corazón, tal como está escrito: *"Amarás al Señor tu Dios con todo tu corazón, con toda tu alma y con toda tu mente" (Mateo 22:37).* Pero también es vital que, cuando tu corazón intente engañarte, lo conozcas *"con toda tu mente"* con todo tu entendimiento, porque recuerda que *"El corazón es engañoso más que todas las cosas, y perverso".*

He observado a creyentes genuinos que, atrapados en la adicción a ciertas emociones, terminan encarcelados en sus propios sentimientos. Hay quienes, si no lloran al orar, sienten que Dios no los oye; y otros que rechazan cualquier enseñanza si no evoca en ellos una emoción particular. ¡Cuán misterioso y enigmático es el corazón humano! Pero recuerda que está escrito: *"Señor, tú examinas y conoces"* (Salmos 139:1), y no hay mejor conocedor de tu corazón que aquel que te ama y *"que se entregó por nosotros"* (Tito 2:14).

Limitarte a entender lo espiritual basándote solo en tus sentimientos puede llevar a que estas "adicciones" se manifiesten en otras áreas de tu vida y te estánquen en una falsa esperanza.

TÚ PUEDES VENCER LA CÁRCEL DE LOS SENTIMIENTOS.

Este veneno espiritual aparece de muchas formas en nosotros, causando una preocupación profunda. Pero considera esa preocupación como una señal de alerta que indica que algo necesita cuidado. Cuando te sientas agitado, esa agitación puede hacerte sentir desanimado y, si no la controlas, hasta puede hacerte sentir vencido.

Pero, ¿y si cambiáramos esa preocupación? Si la usáramos como una motivación para volver a encontrar el entusiasmo por ayudar a los demás, compartir nuestras creencias y también para encontrarnos con otros en la iglesia. Piensa que esa señal de alerta no es un problema, sino una oportunidad para traer cosas nuevas y frescas a tu vida espiritual.

Imagina que esa alarma no es un obstáculo, sino una señal para innovar y renovar tu relación espiritual. Amigo lector, ¿qué te parece si hoy hacemos algo diferente y encaramos juntos esos sentimientos que a veces te abruman?

Todo comienza con los hábitos. Los hábitos crean una atmosfera interna en el corazón.

#carceldelossentimientos

Recuerda esto antes de que avancemos: Dios siempre está ahí, incluso en esos momentos donde parece que no puedes sentirlo. Acláralo en tu mente y déjame que te acompañe en este viaje de autodescubrimiento. No comienza con el corazón; comienza con los hábitos. Los hábitos crean una condición del corazón.

Ahora, respira hondo y afirma conmigo:

"La promesa de Dios en su palabra es más que suficiente para mí".

¿Sientes algún cambio? Es probable que no, y eso está bien. Esta no es una receta mágica; es un ejercicio de autenticidad y perseverancia. Estamos tratando con un corazón complejo y a veces confuso. Pero no te preocupes, siempre que tropecemos, nos levantaremos juntos.

Intentémoslo una vez más... Con fuerza y convicción, repite: "¡Su gracia es suficiente para mí!"

Permíteme compartirte una pequeña parábola para finalizar nuestra conversación:

En un pueblo alejado, había un anciano que todos los días iba al río a llenar dos cántaros de agua. Uno de los cántaros tenía una pequeña grieta y siempre llegaba medio vacío a casa, mientras que el otro cántaro estaba perfecto y siempre llegaba lleno. El cántaro agrietado, avergonzado por su imperfección, un día le dijo al anciano: "Lamento que siempre llegue medio vacío, estoy roto". El anciano sonrió y le respondió: "¿Alguna vez notaste que del lado por donde te llevo, siempre hay flores mientras que del otro lado no? Siempre he sabido de tu grieta y decidí plantar flores en ese lado del camino. Tú las has regado todos los días. Sin ti, esas flores no existirían".

Al igual que el cántaro, nuestras emociones y sentimientos pueden parecer grietas en nuestro ser, pero cuando aprendemos a verlas desde una perspectiva diferente, pueden convertirse en herramientas de belleza y crecimiento. No eres esclavo de tus emociones; puedes aprender a vivir sin ser adicto a ellas, y transformar cada sentimiento en una oportunidad para florecer.

Principios a extraer y aplicar de este capítulo:

¿Qué aprendí?

¿Te confronta algo de lo discutido?

¿Cómo puedo aplicarlo a mi situación actual?

CÁRCEL DE LOS SENTIMIENTOS

Episodio 7

▶ Watch video

ESCANÉAME

Escanéa el código con tu celular
para acceder el estudio del capítulo

CAPÍTULO 7

Sentidos Extraviados

TOMANDO CONTROL DE LOS ESCENARIOS EL ALMA

> Dile a tu corazón que el miedo al sufrimiento es peor que el propio sufrimiento. Y que ningún corazón ha sufrido nunca cuando va en busca de sus sueños, porque cada segundo de la búsqueda es un segundo de encuentro con Dios y con la eternidad.

— PAULO COELHO, EL ALQUIMISTA

Cómo reaccionamos ante algo no solo depende de lo fuerte que sea ese algo, sino también de qué tan buenos sean nuestros sentidos para captarlo. Por ejemplo, una persona ciega podría escuchar sonidos que los demás no pueden porque su sentido del oído está más desarrollado.

Esta idea nos muestra que nuestros sentidos pueden cambiar y mejorar dependiendo de lo que nos pasa en la vida, pero también pueden confundirse y hacernos ver las cosas de manera equivocada.

Un ejemplo claro de cómo la percepción puede cambiar nuestras decisiones se ve mucho en el área de ventas y publicidad. En este sentido, se enfatiza una regla crucial: "El marketing no es una competencia por el mejor producto; en cambio, es una batalla de percepciones". Aquí, lo importante no es tener el mejor producto, sino crear una imagen del producto que haga que la gente quiera comprarlo. Los expertos en publicidad saben cómo hacer para que veamos algo de una cierta manera y creamos que lo necesitamos, aunque no sea así, esto es lograr que tus sentidos se extravien.

MENTIRAS RACIONALES

El extravío de los sentidos puede conducirnos al autoengaño, llevándonos a creer en mentiras racionales para justificar las emociones que nos dominan. Esta desviación debilita la guía del Espíritu Santo en nuestras vidas, haciendo que confundamos lo bueno con lo malo.

Estos engaños pueden atraparnos en comportamientos emocionales destructivos, como la compulsión por comprar, miedos, obsesiones, trastornos alimenticios e incluso pensamientos suicidas.

Nuestros sentidos a veces nos engañan, haciendo que interpretemos erróneamente situaciones, como pensar que alguien está coqueteando cuando en realidad no lo está. O, por ejemplo, pensar que una compañera de la congregación está enfrentando dificultades solo porque va sola a la iglesia. También podemos entender mal un simple mensaje que un amigo o familiar publica en las redes sociales.Esta desviación en nuestra percepción también puede reflejarse cuando tomamos decisiones de compra.

El hábito de comprar impulsivamente en sitios como Amazon, eBay y otras plataformas de envío puede volverse adictivo. A menudo, encontramos justificaciones para gastar más, nos decimos mentiras racionales, y esa emoción de recibir un paquete nuevo en casa puede ser perjudicial.

Si no cuidamos nuestra mentalidad, esto podría afectar seriamente nuestra economía. Pues, el enemigo te incita a que gastes lo que no tienes, para que después mendigues lo que necesitas. Rompamos toda cultura de consumerismo.

El enemigo te incita a que gastes lo que no tienes, para que después mendigues lo que necesitas
#carceldelossentimientos

Para liberarnos de estas sombras, primero debemos superar nuestras propias debilidades. Al hacerlo, las tinieblas no tendrán poder sobre tí; pues quien no se deja vencer por el pecado, está protegido del maligno.

> "Sabemos que todo aquel que ha nacido de Dios no peca; sino que aquel que ha nacido de Dios se guarda a sí mismo, y el maligno no le toca."
>
> — 1 JUAN 5:18 RVR60

El Proverbio 25:28 nos advierte sobre la vulnerabilidad de una mente sin autocontrol: "El hombre sin dominio propio es como una ciudad derribada y sin defensas". Es un llamado a reconocer que sin dominio sobre nosotros mismos, somos susceptibles a ataques y tentaciones. Del mismo modo, Satanás está al tanto de este principio.

Reforzando esta idea, el apóstol Pablo le escribió a la Iglesia de Corinto: *"Pero temo que como la serpiente con su astucia engañó a Eva, vuestros sentidos sean de alguna manera extraviados de la sincera fidelidad a Cristo."* (2 Corintios 11:3 RVR1960).

Estas palabras resaltan que nuestras percepciones pueden ser distorsionadas, llevándonos a desviarnos de la fidelidad a Dios.

La táctica de Satanás fue tergiversar la visión que Dios había proporcionado a Eva sobre el fruto, similar a cómo uno se persuade para comprar algo que no puede. Así actuó el adversario, influenciando sus sentidos mediante la insinuación.

El fruto fue presentado ante Eva, capturó su atención y fue interpretado por ella. La serpiente le dijo a Eva: "No moriréis", planteando una sugerencia que contradecía la palabra de Dios. Luego insinuó que comer del fruto abriría sus ojos y la haría semejante a Dios en el conocimiento del bien y el mal.

Eva observó que el árbol era atractivo y codiciable, lo cual sugestionó su percepción a través de su sentido visual. Es posible que haya comensado a decirse mentiral racionales a si misma. Finalmente, ella comió del fruto y compartió con su esposo, lo que llevó a la caída de la humanidad.

Este relato del Génesis muestra cómo el pecado a menudo se presenta como algo deseable y justificable a través de la distorsión de la percepción. El biblista Dr. Yattenciy Bonilla distingue dos dimensiones del pecado: la primera, donde el pecado se presenta como un bien subjetivo, y la segunda, donde se manifiesta como un mal o una consecuencia objetiva. En otras palabras, el pecado se presenta como algo atractivo que satisface necesidades personales, pero conlleva consecuencias negativas.

Es importante notar que el cambio de percepción en Eva ocurrió al ver, *prestar atención, escuchar y luego interpretar la sugerencia de la serpiente.* El texto enfatiza cómo nuestros sentidos y emociones pueden ser influenciados para que justifiquen la decisión de pecar. Sin embargo, para evitar caer en el extravío de los sentidos. Debemos anclar nuestra alma y mente en la palabra de Dios, evitando la interpretación errónea de nuestras emociones.

Dios tiene la toda capacidad de renovar nuestra percepción, liberándonos de espejismos emocionales al modificar nuestra "dieta espiritual". Nuestro ser interior se alimenta de lo que observa y escucha. Así, Dios puede iluminar nuestra visión espiritual para que veamos la verdad y la vida en vez de distorsiones.

Debemos ajustar la manera en que vemos las cosas para no ser engañados por emociones ilusorias. Como vimos en capítulos previos, tanto Jacob como Eva se dejaron llevar por lo que inicialmente vieron y sintieron, sin detenerse a considerar más profundamente.

ESCENARIOS ILUSORIOS Y TRAMPAS DEL CORAZÓN

Recuerdo el día que un amigo pastor vino a pedirme consejo. Estaba convencido de que su esposa tenía una relación con uno de los diáconos de su iglesia. Decía estar tan seguro de ello porque, según él, Dios mismo se lo había revelado. Cuando le pregunté si tenía pruebas claras, me habló de su vida marital en crisis y de cómo su esposa pasaba largas horas en las redes sociales. Pero insistía en que el argumento más fuerte era su "revelación divina" pues sus sentidos se habían extraviado.

Traté de hacerle ver que no podía acusar a alguien con base en suposiciones o emociones. Le expliqué que, tal vez, la tensión en su relación estaba afectando su juicio y que podía estar confundiendo sus propios sentimientos con una revelación de Dios. Básicamente, le sugerí que podría estar viendo problemas donde no los había. Sin embargo, mi amigo estaba decidido. A pesar de mi consejo, anunció sus sospechas en un servicio dominical, causando un gran escándalo. Su esposa y el diácono negaron todo. A raíz de eso, la iglesia se dividió y finalmente cerró sus puertas.

Algunos meses después de aquel trágico episodio, mi amigo pastor, ya más tranquilo y reflexivo, se reconcilió con su esposa. En busca de respuestas sobre el comportamiento distante de su esposa, decidieron consultar a un médico. Fue así como descubrieron que ella estaba atravesando la posmenopausia, una etapa que puede afectar el deseo sexual y provocar estados melancólicos. Lo que creyó ver como una traición no era más que un cambio natural en el cuerpo de su esposa. Es impresionante cómo un malentendido, potenciado por las emociones, puede desencadenar situaciones desastrosas. Si él hubiera hecho una pausa, reflexionado y buscado consejo, quizás todo habría sido distinto.

Surge entonces una pregunta esencial: ¿Cómo reconocer si estamos siendo víctimas de un espejismo emocional? Es simple: lo notarás cuando lo que estás viviendo o sintiendo contradice lo que ya Dios te ha hablado. Si sientes que tu situación parece sin salida, o que Dios ha dejado de preocuparse por lo que te importa, o si sientes ansiedad constante, es probable que estés ante un espejismo emocional. Dios no tiene planes que nos conduzcan a la ansiedad. Estos pequeños signos son indicadores claros de que algo no está bien en nuestro interior. La palabra de Dios nos recuerda:

> *El Señor protege la vida de los íntegros, y su herencia perdura por siempre. En tiempos difíciles serán prosperados; en épocas de hambre tendrán abundancia.*
>
> — *SALMO 37:18,19 NVI*

Tal vez en algún punto de tu vida, te hayas dejado engañar por ilusiones emocionales, permitiendo que sentimientos intensos, como los celos, afecten tus interacciones. Podrías haber cuestionado a tu pareja con dudas como: "¿Por qué te ríes tanto con esa persona?", "¿Con quién estabas charlando?", "¿Por qué usas tanto perfume?" o "¿Desde cuándo te gusta ejercitarte?".

En ocasiones, estas inquietudes pueden ser simplemente el reflejo de tus propias inseguridades. En vez de alimentar estas suposiciones, opta por confiar en que Dios cuida de ti y tu futuro. Evita torturarte con sospechas o estar constantemente a la defensiva, esperando posibles traiciones. Al reflexionar con calma, te percatarás de que tomar decisiones basadas en inseguridades puede erosionar la confianza y lastimar a aquellos que te importan.

Para evitar ser víctima de lo que denominamos "un extravío de los sentidos o ilusiones emocionales", es crucial considerar las siguientes cuestiones: • ¿Qué acciones estoy dispuesto a emprender a raíz de este sentimiento? • ¿Tengo la capacidad de mantener la serenidad y dominio propio ante las circunstancias actuales? • ¿Estoy al tanto del propósito de Dios para mi vida? ¿Lo que percibo o siento ahora, está en sintonía con lo que Dios ha revelado proféticamente sobre mí?

A LO QUE TE PREDISPONES, ES A LO QUE TE EXPONES.

Se le atribuye a Harley Brown la frase: "Siempre interpretarás las cosas según cómo las quieras controlar." Vivir obsesionado con el control puede elevar los niveles de ansiedad, y cuando ese control se pierde, puede desorientar nuestros sentidos.

Los expertos en el tema de la infidelidad indican que, a menudo, la persona traicionada se da cuenta de lo sucedido meses después del acto. Perseguir constantemente sospechas, revisar pertenencias de tu pareja, sus correos electrónicos, redes sociales o llamadas, en realidad no conduce a un resultado positivo. Si te sumerges en estas acciones, estás dando paso a la desconfianza y te estás dejando influenciar para actuar fuera del camino correcto trazado por Dios.

La Biblia nos advierte: *«El que busca el mal, el mal le vendrá.»* *[Proverbios 11:27 Rv60]*. No tenías razón para desconfiar hasta que, al indagar, te percataste de que tu pareja mantenía conversaciones con otra persona. A pesar de no hallar indicios de comportamiento inapropiado, ese simple hallazgo te sumergió en un espejismo emocional, desencadenando una serie de reacciones, al estilo efecto dominó.

Es difícil prever cuándo surgirá un desafío así. Sería mejor que, en vez de vivir con constantes dudas, fortalezcas un matrimonio fundamentado en la confianza y el diálogo. De esta forma, crearás barreras alrededor de tu familia y tu relación, resguardando tu unión conyugal frente a eventuales peligros.

No quiero que se malinterpreten mis palabras como un llamado a descuidar el matrimonio. Estoy convencido de que ambos, hombres y mujeres, deben cuidarse y respaldarse el uno al otro. Lo que intento enfatizar es que no deberíamos permitir que nuestras emociones y fantasías nos lleven a ver realidades distorsionadas.

En estas ilusiones, nuestras necesidades no se cumplen y, en lugar de solucionar el problema, podemos llegar a lastimarnos. Es esencial tener una visión clara y balanceada, lo que nos posibilita responder con sensatez y calma ante los desafíos.

En cada rincón del mundo, vemos tristes casos de crímenes pasionales, donde personas, arrastradas por los celos y dominadas por sus sentimientos, toman decisiones fatales. Ten presente que ciertas palabras, movidas por emociones engañosas, pueden desmoronar todo lo que hemos forjado con dedicación.

Lo que decimos no se puede desdecir; una vez que esas palabras se liberan, dejan su marca y, muchas veces, vuelven hacia nosotros con consecuencias.

Por eso, piensa bien antes de actuar en momentos de enojo y lastimar con palabras a tus seres queridos. Cada vez que te dejas llevar por los celos o la frustración, estás afectando a quienes más quieres, y estoy convencido de que no es lo que deseas.

PENSAR SOBRE EL PENSAMIENTO

Sabemos que nuestras emociones y cómo pensamos están conectados. Esto ha sido estudiado en diferentes áreas, como la psicología. Un psicólogo famoso llamado Antonio De Dios, nos hace pensar de manera diferente sobre las emociones.

Él dice que no solo están en el corazón, sino también en la mente. Las emociones son como herramientas importantes para sobrevivir y están conectadas a partes del cerebro que ayudan a pensar y tomar decisiones.

Imagina que nuestras emociones son como energía. Desde los años 70, sabemos que el corazón y el cerebro están conectados de una forma especial. A través de un nervio llamado "vago", el corazón puede influenciar al cerebro y hablar con él.

De hecho, el corazón envía más mensajes al cerebro de los que recibe. ¡Sorprendente! Los latidos del corazón y las señales que envía son más fuertes que las del cerebro. Aunque el corazón tiene unas 40,000 neuronas (las cosas que hacen que el cerebro funcione), aún no entendemos todo sobre su inteligencia. No es solo bueno o malo, es más complejo que eso.

La "neurocardiología" es un concepto que refuerza esto. El corazón es el primer órgano que empieza a funcionar cuando somos bebés. Hace más que solo bombear sangre. Algunos creen que puede ser como otro cerebro, ¡qué idea!

Esto indica que lo que escuchamos puede influir más de lo que creemos en nuestra salud mental y emocional. Al buscar una mentalidad positiva, podemos redirigir nuestro enfoque hacia Dios. En vez de auto-reprocharnos, podemos dialogar con Él sobre esos pensamientos negativos. Este acto nos permite reflexionar y ajustar lo que está desequilibrado, cultivando la habilidad de meditar en nuestros pensamientos.

Este contexto me hace recordar a una pastora que, aunque era ferviente y entregada a su fe, sentía que otros líderes religiosos de su entorno no la acogían. A pesar de sus esfuerzos por integrarse, como invitar a iglesias cercanas a diferentes actividades, las respuestas eran escasas o nulas. Esta indiferencia la hizo sentir que era marginada por sus pares.

En un servicio dominical, un orador invitado le compartió un mensaje profético: "Dios está atento a tu ministerio y se complace en tu labor. Te he elegido porque muchos se han apartado de su propósito divino; cuida lo que te he confiado". Aunque el mensaje tenía buenas intenciones, reforzó una idea ya arraigada en ella acerca de la distancia con sus colegas pastores.

Este hecho la llevó a distanciarse aún más de la comunidad religiosa, llegando al extremo de aconsejar a sus seguidores evitar el contacto con otras iglesias. Bajo la excusa de protegerlos, su perspectiva distorsionada la envolvió en una actitud aislada y triste, apagando la alegría que antes irradiaba.

Es improbable que Dios hubiera dado un mensaje para fomentar resentimiento en su corazón. El mayor desafío radicaba en su incapacidad para cuestionar críticamente sus pensamientos, considerando como verdades absolutas sus percepciones. Esta barrera limitó su misión y lamentablemente obstaculizó la expansión del mensaje y el ministerio que Dios le había encomendado.

Algunas verdades, cuando se interpretan en un contexto inadecuado, tienen el potencial de transformarse en falsedades que alimentan las mentiras racionales.
#carceldelossentimientos

Así que, querido lector, ¡no todo lo que piensas es verdad!. Aunque pueda sonar severo, esta perspectiva te liberará y evitará que te veas a ti mismo como una víctima. Hay verdades que, si se interpretan en un contexto inapropiado, pueden transformarse en falsedades. Pues hay verdades que entregadas en una temporada incorrecta justificarán el crecimiento de una mentira.

Al final, la conexión entre el corazón, la mente y la espiritualidad es muy profunda. Si nos damos cuenta de cómo pensamos y tratamos de entenderlo mejor, podemos evitar que las ilusiones emocionales nos controlen. Es como aprender a dirigir nuestros pensamientos de manera más sabia.

ESCAPE DE LAS FALSAS IMPRESIONES EMOCIONALES

¿Cómo puedo librarme de las ilusiones emocionales? ¿Será posible encontrar una vía de escape de estas trampas emocionales? La lucha contra los ilusiones o espejismos emocionales puede ser desafiante, pero no imposible.

Aqui te ofrezco algunos consejos para cerar este capitulo:

En primer lugar, para liberarte de una prisión emocional resultado de haber caído en un escenario manipulado, es esencial encontrar a alguien sincero dispuesto a analizar tu situación desde una perspectiva externa, es decir, que no tema decirte algunas verdades que quizás no estés dispuesto a escuchar.

Para ello, debes prepararte mentalmente, porque cuando nuestras percepciones se desvían, a menudo rechazamos la realidad que otros observan, aferrándonos a "nuestra verdad", o al menos esa es la justificación engañosa que solemos darnos. Curiosamente, la mayoría de las personas que proclaman no tener miedo de decir la verdad a los demás, a menudo no toleran que les digan sus propias verdades.

En segundo lugar, es esencial retomar y revisar lo que consideras que Dios te ha comunicado. Revisa las anotaciones y diarios donde has registrado tus vivencias y reflexiones espirituales.

Compáralas y busca patrones o conexiones con experiencias que hayan vivido amigos o familiares. Tal vez, sin darte cuenta, estás proyectando sus experiencias en tus propias percepciones o emociones.

Por último, y con igual importancia, es esencial contrastar y reflexionar sobre esos recuerdos y pensamientos a la luz de las Escrituras. Tomando el libro de Proverbios como referencia, escribe en una libreta el pensamiento y compara cómo responde el proverbio bíblico a él.

Por ejemplo: si el pensamiento te sugiere que te desahogues en tu red social por algo que te hicieron, y estás convencido de que es la mejor forma de resolverlo, consulta Proverbios 12:18: *"Hay quien habla sin tino, como golpes de espada; pero la lengua de los sabios es medicina"*.

Esto te ayudará a guiar tus sentidos y a mejorar tu comportamiento, lo que, por consiguiente, fortalecerá tu pensamiento. Otra solución sensilla para encontrar algunos versos es escribir en tu motor de busqueda de internet "versos bíblicos para resolver conflictos" y será fácil encontrar uno que te asista en esta comparativa.

En resumen, tanto para evitar, como para escapar de los espejismos emocionales, es fundamental cuidar tus pensamientos, ya que estos se convierten en palabras. Ten precaución con lo que te expones, especialmente en momentos de vulnerabilidad.

Vive cuidando tus palabras porque se volverán actos y en la misma orientación, cuida tus actos porque se volverán hábitos. Procura cuidar tus hábitos porque forjarán tu carácter. Y en definitiva, cuida tu carácter porque formará tu destino, pues tu destino será tu vida. Hoy puedes vivir libre de la influencia de ilusiones emocionales y superar las percepciones distorsionadas que intentan alterar tu paz. ¡Mantén firme el timón de tus sentidos y cuida el rumbo mientras continuamos navegando por el alma!

Principios a extraer de este capítulo:

¿Qué aprendí?

¿Te confronta algo de lo discutido?

¿Cómo puedo aplicarlo a mi situación actual?

CÁRCEL DE LOS SENTIMIENTOS
Episodio 8

▶ Watch video

ESCANÉAME

Escanéa el código con tu celular
para acceder el estudio del capítulo

CAPÍTULO 8

"Jail Break"

EL DÍA QUE CONSOLIDÉ MIS DEUDAS EMOCIONALES

> "El mayor regalo que te puedes dar a tí mismo es la libertad de lo que otros piensan."

> — A. HICKS

En un polvoriento diario sobre la repisa de un carcelero, estaba escrita la inusual historia de un preso de Alcatraz. Lo llamaban el "preso anónimo". Nadie sabía quién era ni de dónde había venido. Era simplemente un hombre atrapado en la injusticia de pagar por un crimen que no cometió.

Lo cautivador de su historia no es solo la tragedia de la injusticia a la que fue sometido, sino también las palabras que dejó escritas en la pared de esa fría celda el día de su muerte: "No hay mayor cárcel que la de la mente. Alcatraz nunca fue mi cárcel".

Iniciemos este episodio preguntándonos: ¿Cuál habrá sido la verdadera prisión del preso anónimo? Una tarde llena de estrés, me topé con dos preguntas reveladoras, que golpearon mi dependencia de la aprobación ajena, en el muro de mi amigo, el Profesor Ray López. Ray se cuestionaba: ¿Realmente hay alguien que te conozca? ¿Es posible que nadie te conozca de verdad? Reflexionemos sobre una idea: una versión distinta de ti reside en la mente de cada persona que cree "conocerte".

Dicho de otro modo, no importa cuánto lo intentes, no podrás eliminar la imagen (sea ficticia o real) que algunas personas tienen fijada sobre ti en su mente.

No importa cuánto te esfuerces, no podrás borrar la imagen (ya sea imaginaria o real) que ciertas personas tienen arraigada en su mente acerca de ti.

#carceldelossentimientos

Pero, ¿te conocen de verdad? ¿Depende el propósito de Dios de la validación que obtengas de otros? ¿Cuánto esfuerzo emocional has dedicado intentando cambiar la percepción que otros tienen de ti?

Y sinceramente, ¿te ha resultado? ¿Has obtenido algún beneficio de tanto esfuerzo? Tal vez has gastado demasiado tiempo intentando modificar la opinión de los demás sobre ti, acumulando una deuda emocional. ¿Cómo liberarnos de esa necesidad de validación externa?

PROFUGO DE LA DEUDA DE COMPLACER A TODOS

Aproximadamente hace unos ocho años soy prófugo de la prisión del querer agradar a todo el mundo. Consolidé mis deudas emocionales y le confieso que me encuentro complacido de los beneficios adquiridos, pues es la única forma de servir a Dios, y a su propósito siendo original. Una deuda emocional resulta ser una suerte de ligadura opresiva del alma. Una ligadura que desdeña tu llamado, hipotecando tu creatividad a los intereses impagables de la felicidad de otros.

El Dr. Ryan Michler tratando este conflicto, escribió en su libro "Sovereignty" lo siguiente: "La práctica de enfocarse en los factores fuera de su control consume su tiempo, energía, enfoque y atención, dejándolo indefenso cuando una oportunidad realmente se presenta". En otras palabras, complacer a los demás, es algo así como una adicción que te guía a desperdiciar las oportunidades, eclipsando tu propósito ante el favor de los hombres.

Por supuesto, no estoy diciendo que sea correcto llevar una vida excesiva, mostrarse ostentoso o ignorar el bienestar de la comunidad. De igual manera, no estoy promoviendo el concepto tribal (la mentalidad de grupo) que puede dividir la unidad de la Iglesia de Cristo. Es importante considerar quiénes podrían verse afectados cuando ejerces tu libertad. Reconocer tus propios límites te ayudará a enfocarte mejor en todo momento.

No es un secreto que la modalidad y el frenesí de las redes sociales han fomentado la adicción a la aprobación.

La modalidad y el frenesí de las redes sociales han fomentado la adicción a la aprobación.

#carceldelossentimientos

La ironía se mofa de nosotros cada vez que reclamamos libertad. ¿Recuerdas cuándo las personas tenían diarios y se enojaban si alguien leía su diario personal? Ahora lo escriben todo en las redes y se enojan si nadie lee su comentario.

Con un enfoque directo y calibrado, acompáñame a reflexionar sobre esta línea de pensamiento por un momento. ¿Somos realmente libres o estamos atrapados por la opinión de los demás?

¿Entendemos lo que es la verdadera libertad? Mirando retrospectivamente mis estudios sobre el tema, he identificado cinco síntomas característicos de aquellos que comprometen su libertad por una necesidad excesiva de complacer a otros, es decir, aquellos que están emocionalmente endeudados:

- Tendencia a sentirse responsable de los sentimientos de los demás.
- Tendencia a tomar la crítica como algo personal.
- Constante miedo al rechazo de parte de quienes nos rodean.
- Decir "sí" a cosas que no quieres, aceptar planes o proyectos que no te apetecen.
- Tendencia a permitir atropellos y abuso de confianza.

Algunas personas eligen vivir esclavizadas por la opinión pública, lo que limita su entusiasmo. Al contraer deudas emocionales, surge el temor de perder el cariño de los demás si no se cumplen todas sus expectativas, por más exageradas que sean, con el simple propósito de mantener una buena imagen personal. A este conflicto se le denomina "motivación narcisista".

LA PERFECTA LEY DE LA LIBERTAD

Es irónico, pero a menudo no nos damos cuenta de que al intentar agradar a todos, lo que realmente sucede es que las personas pierden el respeto hacia nosotros.

Si la gente sabe que harás cualquier cosa para complacerlos, evitar conflictos o hacerlos felices, muchos identificarán esto como una debilidad en ti y tratarán de explotarla. Un atisbo de gracia y libertad emocional surge de las palabras del apóstol Pablo en la carta a Santiago, denominada "La ley de la libertad".

La Escritura declara: "Pero aquel que mira atentamente a la ley perfecta, la ley de la libertad, y permanece en ella, no siendo un oyente olvidadizo sino un hacedor de la obra, este será bienaventurado en lo que hace." [Santiago 1:25 RV60].

En otro pasaje, Pablo refuerza esta idea al escribir: "Pero ahora que conocen a Dios, o más bien, son conocidos por Dios, ¿cómo es que se vuelven de nuevo a los elementos débiles y pobres, a los cuales desean esclavizarse otra vez?" [Gálatas 4:9 NBL]. Cuando Santiago habla de "la ley de la libertad", no se refiere a la esclavitud de los rituales, sino a la esclavitud de la conciencia, en otras palabras, a una deuda emocional.

En su obra titulada "Espiritualidad emocionalmente sana", el Dr. Peter Scazzero señala diez signos que revelan una espiritualidad afectivamente desequilibrada. Aquí les presento cinco de estos indicadores, con el propósito de brindarles una herramienta para examinar sus propias conexiones. De acuerdo con Scazzero:

1. Utilizar a Dios para escapar de Dios.
2. Ignorar emociones como la ira, la tristeza y el miedo.
3. Esconder debilidades, fallos y errores. Por ejemplo, le resulta difícil a alguien hablar abiertamente sobre sus debilidades y errores.
4. Negar la influencia que el pasado ejerce sobre el presente.
5. Segmentar la vida en ámbitos "secular" y "sagrado".

Siguiendo la perspectiva de Scazzero, pasar por alto o permitir estos síntomas puede tener consecuencias negativas para el bienestar espiritual y potencialmente enredar tu alma.

Desde un enfoque existencial similar, como la otra cara de la moneda, se encuentra el sentimiento de dependencia y falta de autovaloración. Este sentimiento te hace sentir como si tuvieras una deuda, una especie de obligación.

Uno de los pensamientos más dañinos que alguien puede abrazar es la creencia de que otros le deben algo, ya sea honor, respeto, amor o aprecio. Aunque estas expectativas puedan parecer justificadas, en realidad limitan la autenticidad de las emociones.

A menudo, las personas transfieren la responsabilidad de sus desilusiones a otros, creyendo que el jefe debería ofrecerles un aumento, que su pareja debería mostrarles cariño, que su familia les debe respaldo, que el gobierno debe asegurarles atención médica o que su guía espiritual, ya sea Pastor, Mentor o Sacerdote, tiene la obligación de cuidarles.

Aunque esto pueda parecer contundente, la realidad es diferente. En esencia, nadie nos debe nada: todo es un regalo de gracia. Al internalizar esta verdad, comenzarás a liberarte de la dependencia emocional hacia los demás. Muchas personas luchan para aceptar este concepto y, como resultado, viven de manera incongruente.

Si operamos bajo la idea de que otros nos deben algo, nos limitamos a nosotros mismos, y a nuestra capacidad de vivir la vida en nuestros términos, mirando la vida desde la ventanilla estrecha de una cárcel de los sentimientos.

LAZOS ALMÁTICOS

Es curioso pensar que nuestro corazón desempeña un papel crucial en este proceso. Como exploramos en el primer capítulo de este libro, resulta ser un enigma complicado de entender. Por un lado, la enseñanza bíblica nos exhorta a cuidar nuestro corazón, ya que de él fluye la vida [Proverbios 4:23]. Por otro lado, se nos advierte ser precavidos con él, ya que es más engañoso que cualquier otra cosa [Jeremías 17:9-10].

Entonces, ¿cómo reconciliamos esta dualidad? ¿Es el corazón intrínsecamente bueno o malo? Siguiendo la guía de la sabiduría bíblica, no debemos clasificar el corazón simplemente como bueno o malo, sino más bien reconocer su limitación y susceptibilidad, es decir, su incapacidad.

Como abordamos en el primer episodio de este libro, nuestro corazón no puede discernir un pensamiento o sentimiento que pretenda generar un lazo en el alma a menos que esté en constante relación con la palabra de Dios.

Las Sagradas Escrituras arrojan luz sobre este aspecto, como se menciona en Hebreos 4:12: «Porque la palabra de Dios es viva y eficaz, y más cortante que toda espada de dos filos; penetra hasta partir el alma y el espíritu, las coyunturas y los tuétanos, y discierne los pensamientos y las intenciones del corazón.» Este pasaje señala que el corazón alberga intenciones y pensamientos que solo pueden ser discernidos y separados mediante una reflexión basada en la Biblia.

Si dividimos este pasaje de Hebreos en dos partes, encontramos una perspectiva digna de explorar. Pero antes, quiero plantear una pregunta: ¿Has notado el contraste entre la palabra de Dios y el corazón? En primer lugar, el texto establece que la palabra de Dios es "eficaz", mientras sugiere un corazón limitado. Además, la palabra de Dios tiene el poder de separar, «penetra hasta dividir el alma y el espíritu».

En la versión NIV en inglés, se traduce de manera ligeramente diferente: «it penetrates even to dividing soul and spirit» (Penetra hasta dividir el alma y el espíritu). Esto implica que la palabra de Dios puede desenredar los lazos entre el alma y el espíritu, liberándonos de las conexiones que nos atan a la búsqueda tóxica de validación.

En determinados momentos, el corazón puede engendrar sentimientos que te conecten con personas, emociones o situaciones que no se alinean con el propósito divino en tu vida. Estos vínculos, conocidos como "vínculos almáticos", suelen tener su origen en factores como la familiaridad excesiva, la constante comparación con otros, un apego sin límites y una carencia de equilibrio emocional.

Adicionalmente, existen individuos hábiles en el arte de suavizar sus palabras, aunque en su interior albergan conflictos internos y su verdadera intención sea enredarte y causarte daño. La Biblia, en Colosenses 3:5, nos exhorta diciendo: "Haced morir, pues, lo terrenal en vosotros: fornicación, impureza, pasiones desordenadas, malos deseos y avaricia, que es idolatría".

Es esencial comprender que en muchos contextos sociales, el estrés que experimentamos encuentra su raíz en la constante comparación con otros. Este acto de comparación puede opacar nuestra percepción y transformarse en un "deseo perjudicial" que genera pasiones incontrolables.

PERSONAS PARCIALES O FUNDAMENTALES

Durante mi fugaz travesía en este mundo, me he tropezado con la revelación de que los vínculos almáticos tienen el potencial de ser, en ciertas dosis, autoaniquiladores. A medida que dejamos atrás el engañoso "yo", esa construcción ficticia tejida para obtener aprobación, descubrimos la presencia de individuos cuya misión no consiste en ser eternos acompañantes de nuestros sueños y proyectos.

En la vida te darás cuenta de que existen dos tipos de personas, que personalmente defino como: *"los andamios (Parciales) y los cimientos (Fundamentales)"*.

Sin excluir a Dios como el pilar principal en el que debes apoyarte, definamos estas dos categorías:

Un andamio *(Parciales)* es una estructura temporal que se utiliza para acceder a zonas altas de un edificio. Es una herramienta esencial, pero su uso es transitorio. Ahora, imagina un edificio que se dice que está terminado, pero aún conserva sus andamios.

¿No te harías la pregunta de si realmente está acabado? No es hasta que se retira el andamio que podemos confirmar que la construcción ha finalizado. De la misma manera, habrá personas en tu vida que actuarán como andamios, estarán por un periodo limitado para ayudarte a acceder a niveles que de otra forma no podrías alcanzar.

Vincularte a "andamios" puede amarrarte a expectativas ajenas y sentirte insuficiente.

#carceldelossentimientos

Si te apegas a personas que actúan como "andamios" en tu vida debido a conexiones emocionales o deudas sentimentales, es posible que te encuentres viviendo según sus expectativas y sintiéndote siempre en deuda como alguien insuficiente de pagarle.

La segunda categoría se refiere a las personas que actúan como cimientos en tu vida. En términos arquitectónicos, un cimiento es la parte de una estructura que se encuentra bajo tierra y sobre la que descansa todo el edificio. En el contexto humano, las personas que son como cimientos son aquellas que ofrecen un firme soporte emocional y espiritual.

Son quienes, estando presentes en tu vida, validan tu vocación y energizan tu pasión. Son aquellos que te ofrecen críticas constructivas, luchando a tu lado en las trincheras, apoyándote incondicionalmente. Son personas con una notable inteligencia emocional y espiritual.

Un ejercicio útil para determinar quién actúa como cimiento o andamio en tu vida es evaluar tus emociones cuando mantienes conversaciones difíciles con ciertas personas.

¿Te sientes inseguro al expresar tu opinión? ¿Te causa ansiedad pensar que personas cercanas a ti puedan tener puntos de vista diferentes al tuyo? ¿Qué emoción te guía? ¿Experimentas culpa cuando no estás disponible para esa persona? Es posible que esa relación esté creando ataduras no saludables en tu ser. Todo lo que nace del miedo inhabilita la grandeza del amor en tu existencia.

Todo lo que nace del miedo inhabilita la grandeza del amor en tu existencia.

#carceldelossentimientos

La Biblia ofrece una excelente perspectiva sobre este fenómeno, donde se menciona: «El miedo del hombre pondrá lazo...» [Proverbios 29:25].

Este pensamiento se amplía en otro versículo que aconseja:

«No te entremetas con el iracundo, Ni te acompañes con el hombre de enojos, No sea que aprendas sus maneras, Y tomes lazo para tu alma.»

— PROVERBIOS 22:24-25 [RV60]

Los lazos del alma, como vínculo emocional, pueden ser constructivas o destructivas, según cómo influyan en nuestras emociones. Aunque es importante considerar que alguien puede tener una salud emocional buena y, aun así, tener un impacto perjudicial en tus sentimientos.

COLOCANDO TODO EN LA PERSPECTIVA ADECUADA

Hasta ahora, nuestra reflexión no debería centrarse en las acciones específicas de las personas, sino más bien en nuestros procesos internos. Del mismo modo, uno puede identificar a alguien como una persona "cimiento", pero si se relaciona con ella como si fuera un "andamio", pierde la oportunidad de aprovechar el apoyo y confianza que esa persona podría brindarle.

Por ejemplo, en el corazón de la historia política de Israel encontramos la relación entre Jonatán, el hijo del Rey Saúl, y el Rey David. La Biblia hebrea (Antiguo Testamento) nos muestra cómo Jonatán se relacionó con una persona de carácter "cimiento" como lo era el Rey David. El texto dice: «Aconteció que cuando él hubo acabado de hablar con Saúl, el alma de Jonatán quedó ligada (de inmediato se creó un vínculo entre ellos) con la de David, y Jonatán lo amó como a sí mismo.» [1 Samuel 18:1 RV60].

Con claridad, Jonatán había reconocido a una persona fundamental "cimiento" en David. Sin embargo, sus lazos familiares con Saúl limitaban sus decisiones en pro de su bienestar. Por supuesto, es difícil tomar decisiones radicales cuando se trata de un familiar. Sin embargo, en el contexto bíblico, parece que un vínculo del alma o una deuda emocional lo mantenían atado a Saúl, incluso después de haber identificado al verdadero ungido.

De manera metafórica, si reconoces a personas ungidas en tu vida que están comprometidas con tu bienestar completo, similar a cómo lo era David para Jonatán, ¿por qué optar por quedarte cerca de alguien como Saúl? El que se queda con Saúl se muere con Saúl, es decir, quienes deciden permanecer con los "Saúles" de la vida, acaban compartiendo sus dificultades. Vivirán cargando con las elecciones de otros y enfrentarán las repercusiones que no les pertenecen.

Es importante aclarar que estas expresiones no respaldan ni el divorcio ni el abandono de responsabilidades familiares. Por el contrario, hacen un llamado a reconocer quiénes desempeñan el papel de "andamio" o "cimiento" en lo que respecta a la necesidad de validación y aprobación externa. Esto es lo único que se busca destacar, sin más. Mientras David mostró preocupación por el bienestar de Jonatán, Saúl centró su atención en su propia reputación.

El costo de esta carga emocional fue muy alto, al punto de que Jonatán perdió la vida junto a Saúl en el campo de batalla [1 Samuel 31]. Una deuda emocional puede distorsionar tus juicios morales, tu capacidad de discernimiento e incluso tu ética. Está conectada a actitudes equivocadas, falta de madurez y el apoyo a alguien cuyo comportamiento se desvía de lo correcto. Aunque sabes que está mal, debido a un vínculo emocional profundo, toleras lo inaceptable. Incluso si esa relación es dañina, sigues allí debido a que se basa en carencias emocionales y se convierte en una relación perjudicial.

PRÓFUGO DE LOS SENTIMIENTOS

"Una de las primeras acciones que debe emprender una persona herida es romper el hábito de utilizar a las personas como un narcótico para adormecer el dolor persistente de un vacío interior." Esta premisa fue la tesis central del libro "Healing, Blessing and Freedom" del Pastor afroamericano T.D. Jakes, abordando el impacto de vivir atrapado en una deuda emocional. Definitivamente, cuando se busca explorar las motivaciones del corazón, es esencial liberarse de las excusas que la culpa suministra a nuestro razonamiento. Permítame brindar una explicación más clara a través del siguiente ejemplo:

Hasta aquí, hemos considerado cómo una persona herida puede involuntariamente depender de las relaciones para aliviar el dolor de un vacío interno. Esta revelación constituye el núcleo del libro "Healing, Blessing and Freedom" del Pastor afroamericano T.D. Jakes, donde se explora cómo vivir atrapado en una deuda emocional puede tener efectos perjudiciales. Al abordar las raíces de nuestras motivaciones emocionales, es crucial liberarnos de las excusas que la culpa puede plantar en nuestro razonamiento.

Permítame aclarar este concepto a través del siguiente ejemplo: Recuerdo haber tenido hace algunos años una extensa sesión de consejería con un amigo. El descontrol, la ansiedad y la frustración eran palpables en su mirada perdida y en sus palabras incoherentes. Me confesó que ya habían pasado unos diez años desde su divorcio de su primera esposa, pero aún no había logrado perdonarse a sí mismo por lo que él consideraba las razones detrás del fracaso de esa relación. A pesar de llevar cinco años con su nueva pareja, a quien él consideraba una mujer extraordinaria, el peso de la culpa seguía perturbando su tranquilidad.

Reconoció que había sido un hombre maltratante, lo cual causó un profundo daño tanto a su esposa como a los hijos que compartían. A medida que avanzaba en su relato, nuestra conversación se volvía más sombría y cargada. Fue en ese momento, cuando sumido en lágrimas, me confesó que cada vez que se encontraba con su ex esposa, era invadido por un sentimiento abrumador de culpabilidad que nublaba su juicio.

"Bastaba con mirarla a los ojos para que una pena desgarradora me convenciera de que tenía una deuda imposible de saldar con ella", me decía mientras se golpeaba el pecho con angustia. "Siempre que llego a la casa para ver a mis hijos y comenzamos a hablar, terminamos en la cama", añadía con vergüenza en el rostro y la voz temblorosa.

¡Deténgase por un momento antes de seguir con esta historia!

Es posible que el dicho popular "Donde hubo fuego, cenizas quedan" sea la impresión que tenga de mi amigo después de leer esto, pero considere que si fuera así, esta persona no estaría buscando ayuda para liberarse de esta situación. Ambos eran conscientes de que sus acciones no eran correctas, pero había un vacío insaciable entre ellos, como un abismo que atraía a otro abismo.

Eran dos culpabilidades que se atraían y al mismo tiempo se repelían como los polos opuestos de un imán, un ciclo destructivo del cual parecía no haber escape. Si esto hubiera sido simplemente un acto erótico y apasionado, habrían podido superarlo sin mayores dificultades. Sin embargo, al ser resultado de una deuda emocional, estos acontecimientos reabrían las heridas del pasado, lo que a su vez los mantenía atrapados en un ciclo de pecado.

El enemigo aprovechaba este vínculo en el alma para causar estragos en sus emociones. Los pensamientos suicidas dominaban la mente de mi amigo, acompañados por la sensación de traición que inundaba sus ojos cada vez que miraba a su esposa. El clamor de mi amigo se asemejaba al del salmista cuando dijo: "Saca mi alma de la cárcel, para que pueda alabar tu nombre" [Salmos 142:7 RV60]. Recuerdo haberlo exhortado a participar en varias sesiones de oración, buscando la dirección divina para resolver ese asunto y liberarse de esa prisión emocional.

En particular, tengo en mente una tarde durante el receso del almuerzo en nuestro lugar de trabajo. Juntos leímos el pasaje de Romanos que dice: "Pagad a todos lo que debéis: al que tributo, tributo; al que impuesto, impuesto; al que respeto, respeto; al que honra, honra" [Romanos 13:7]. El consejo bíblico se convirtió en la clave, y en armonía con la guía del Espíritu Santo, lo dirigí hacia una oración de liberación diferente.

Esta fue nuestra plegaria a Dios: "Decido renunciar a la deuda emocional que me mantiene atado. Y con tu ayuda, Espíritu Santo, restituyo la honra y el respeto que debo, declarándome desde hoy en adelante libre de este sentimiento. Cristo saldó mi deuda por mí". Debo admitir que esta oración no operó como un "Ábrete Sésamo" instantáneo para él; sin embargo, marcó el punto de encuentro con su auténtico "yo". Su progreso fue gradual.

En primer lugar, internalizó que no era responsable del estado emocional de su exesposa. Reconoció que cada individuo es responsable de avanzar por sí mismo, de la mano de Dios, hacia la sanación del alma. Aunque no minimizó las consecuencias de sus acciones, comprendió que las emociones de su exesposa también eran valiosas, aunque ya no estaban bajo su responsabilidad.

Luego, aprendió a enfrentar sus decepciones sin quejas, consciente de que el perdón que Dios ofrece es suficiente. De esta manera, logró avanzar y, al fortalecer su ser interior, pudo superar la necesidad de aprobación y perdón que lo mantenían atado a un apego tóxico. Finalmente, se convirtió en un prófugo de sus propios sentimientos.

SIEMBRAS DE DESTINO

En las relaciones familiares, a menudo nos vemos obligados a tomar decisiones difíciles. A veces, estas decisiones pueden ser dolorosas, como pedirle a un hermano que abandone el hogar de nuestros padres o negarle alojamiento a un familiar que se ha vuelto tóxico o abusivo. Sin embargo, es importante recordar que no tenemos la obligación de mantener relaciones tóxicas con nuestros familiares. Hay familiares que lamentablemente adoptan una relación "simbiótica o parasitaria" contigo.

Una relación simbiótica es aquella en la que dos organismos se benefician mutuamente. Por otro lado, en una relación parasitaria, uno de los organismos se beneficia a expensas del otro.

En el caso de las relaciones familiares, los familiares que adoptan una conducta parasitaria suelen ser personas que necesitan ayuda, pero que no están dispuestas a hacer nada por sí mismas. Pueden ser personas que son adictas, que tienen problemas de salud mental o que simplemente son irresponsables. Estas personas pueden acabar consumiendo tu tiempo, tu energía y tus recursos. Pueden hacerte sentir culpable por no ayudarles, y pueden manipularte para que hagas cosas que no quieres hacer.

Si tienes un familiar que adopta una actitud parasitaria, es importante que pongas límites. No tienes que permitir que se te abuse por razones de tu fe y tu buena voluntad. Si no estas alerta esto puede de igual forma convertirse en un "Lazo para el alma". Aquí tienes algunos consejos para poner límites a los familiares que adoptan una relación parasitaria:

• **Sé claro y directo sobre lo que esperas.** Ser claro no significa que dejes de ser compasivo y empático, sencillamente es establecer de antemano hasta donde vas a ayudar y que respuesta esperas de la persona, antes de extenderle la mano para una ayuda.

• **Di no cuando no puedas o no quieras ayudar.** No debes sentirte forzado a cargar con las repercusiones de las decisiones equivocadas de un familiar. Hay quienes se endeudan económicamente intentando ayudar a ese ser querido, incluso si alguna vez recibieron su ayuda. Recibir apoyo en el pasado no te ata a una deuda perpetua; agradece, reconcíliate contigo mismo y entiende que, a veces, simplemente no es posible ayudar.

• **Establece límites en tu tiempo, tu energía y tus recursos.** Para ayudar a nuestros familiares de forma sostenible y beneficiosa, es necesario establecer límites en el tiempo, la energía y los recursos que les ofrecemos. Estos límites nos protegen de sobrecargarnos y evitan que nuestros familiares se vuelvan dependientes de nosotros.

• **No te dejes manipular.** Los hijos que perciben manipulación de sus padres ancianos pueden experimentar sentimientos de culpa, estrés y ansiedad, y enfrentar dificultades para poner límites o tomar decisiones autónomas. En situaciones extremas, podrían sufrir de depresión, ansiedad o afectaciones físicas. Decidir por el bienestar de los padres no es desagradecimiento, sino prudencia ante las propias limitaciones. Si tu salud se ve afectada al cuidar de un familiar, es un acto de respeto buscar el apoyo de profesionales en cuidado de mayores. Comprende que cuidar de ti mismo no te hace un mal hijo o hija.

• **Pide ayuda si la necesitas.** No dudes en buscar consejería y referencias de otras personas. Para evitar que las emociones te aprisionen, es fundamental compartir tus problemas con mentores y consejeros ajenos a tu familia.

• **Ora a Dios por discernimiento sobre cuándo intervenir y cuando no intervenir en un problema con un familiar.** Pídele que te muestre lo que es mejor para ti y para tu familiar. Él te dará la sabiduría que necesitas para tomar la decisión correcta.

• **Sé específico en tu oración.** No solo pidas a Dios que te muestre lo que debes hacer, sino que también pide que te ayude a entender por qué debes hacerlo. A veces tomamos decisiones sin comprender por qué las tomamos. Entender por qué debes hacerlo será sanador cuando la conciencia trate de acusarte.

Jesús menciona y enseña algo muy importante sobre la capacidad de ayudar:

> "Al que te golpee en una mejilla, preséntale también la
> otra; y al que te quite la capa, no le niegues tampoco
> la túnica".
>
> — LUCAS 6:29

Con esto, Jesús intenta resaltar dos puntos muy importantes que aportan claridad al tema que estamos discutiendo. En primer lugar, una túnica era un artículo más valioso que una capa. Jesús está sugiriendo que seamos individuos dispuestos a dar, ceder o hacer más de lo que se nos ha pedido.

Sin embargo, desde otra perspectiva, el texto también puede interpretarse como un consejo que nos insta a dejar completamente el paso a alguien que insiste en obtener un beneficio de nosotros.

Ambas visiones, a mi entender, son poderosas y liberadoras porque, cuando se discierne correctamente con las personas, el Espíritu de Dios te guiará a hacer más de lo solicitado y, en otros casos, a establecer límites sobre los beneficios que otros obtienen de ti.

Es importante recordar que no estás solo. Hay muchas personas que han tenido que lidiar con familiares que adoptan una actitud parasitaria. Hay recursos disponibles para ayudarte a poner límites y a cuidar de ti mismo consolidando tus deudas emocionales.

Pablo le dijo a los romanos "No tengan deudas pendientes con nadie, a no ser la de amarse unos a otros..." [Romanos 13:8 RV60]. El amor no puede ser una deuda que arrastres, como un peso que vampirice tu existencia; amar es una responsabilidad simbiótica, una que considera el bienestar de ambas partes. Para evitar el apego tóxico, es necesario tener una espiritualidad emocionalmente sana y conocer las señales de alerta.

Por lo general, en casos como los antes señalados, algunas controversias y conversaciones pueden manipular hasta corromper la sobriedad de tus decisiones. Recibirás preguntas o palabras de juicio y rechazo como: "¿Si tú eres cristiano(a), por qué quieres tirar a la calle a tu propia familia?" "Si tus padres te cuidaron de pequeño(a), ¿por qué ahora no puedes tú hacer lo mismo y los quieres ingresar en un asilo?" "¡Somos familia! Se supone que me ayudes cuando te necesite." Por supuesto, no todos los casos se deben abordar con la misma medida, pues se puede abusar y rayar en el descuido y la irresponsabilidad. Evidentemente, cada uno

Para evitar el apego tóxico, es necesario tener una espiritualidad emocionalmente sana y conocer las señales de alerta.

#carceldelossentimientos

requiere una directriz específica del Eterno y el consultar el consejo de Dios expresado en su palabra y la multitud de retroalimentaciones de tu comunidad de fe.

Sin embargo, podemos detectar una deuda emocional cuando los sentimientos prevalecen sobre las acciones necesarias. Una de las decisiones más complejas es la de ingresar a los padres en un asilo de ancianos. ¿Cómo determinar si es la decisión correcta? En muchos casos, surgirán familiares que nunca estuvieron presentes o que tuvieron una relación pasiva con la persona en cuestión, y no tardarán en expresar sus opiniones. A menudo, estas intervenciones, cargadas de confrontación y argumentos perjudiciales para tu bienestar emocional, ponen de manifiesto el problema sin ofrecer una solución real.

Son estos instantes que se debe valorar la calidad de la emoción que conduce tu decisión. ¿Lo harás por fatiga emocional o por pereza? ¿Tu salud física, emocional y espiritual está comprometida? ¿El bienestar de la persona en cuestión puede estar bajo riesgo? ¿Qué es más importante para ti, tu reputación o tu deber? ¿Tu decisión es una reflejo de una actitud vengativa? Estas preguntas pueden fungir como una guía hacia la paz con tú "yo" interior. Estar en paz con Dios y con tu alma será crucial al momento de enfrentar un golpe de incertidumbre familiar.

Hacerse estas preguntas puede ser útil cuando se te pida explicar decisiones, como cambiar de iglesia, empleo o círculo de amigos. Aunque los protagonistas cambien, la situación suele ser la misma. Puede que lo dicho suene insensible, y esto es, en cierto modo, inevitable y hasta frecuente. Pero créeme, no eres el primero(a) ni serás el último.

¡Cuida tu corazón en el proceso y mantente firme en tus emociones! Jesús en un momento expresó unas palabras que, para nuestro contexto, podrían parecer insensibles: «Deja que los muertos entierren a sus muertos...» [Lucas 9:60 RV60]. En esencia, no ates tu corazón a lo efímero, evitando así perder de vista lo eterno. La respuesta de Jesus parecía a primera mano indolente, pero en realidad era un llamado a consolidar las deudas emocionales.

En esencia, no ancles tu corazón a lo pasajero, para no olvidar lo que es eterno.

#carceldelossentimientos

La radicalidad de la respuesta de Jesús consiste en el re-enfoque de las prioridades sentimentales "A lo que le rindas la prioridad le entregaras tu voluntad" «donde está su tesoro allí estará su corazón» [Mateo 6:21 RV60] Las deudas emocionales y los lazos almáticos pueden confundir a lo que debes o no debes rendir el beneficio de la prioridad. En las relaciones familiares se corren un sin número de riesgos emocionales.

A veces serás de ayuda y otras por una vez que no pudiste responder a alguna necesidad precaria se olvidarán de las demás noventa y nueve que fuiste la solución. Todo opera como una suerte de complot de nuestra naturaleza pecaminosa. En otras circunstancias, extenderás la gracia recibida con un gesto de bien y te pagarán con mal. Por ende, una de las formas de vivir exonerado de las deudas emocionales es saber el destino de tu siembra.

Finalmente, como escribió el preso anónimo de Alcatraz, no hay mayor cárcel que la de la mente. Permítase disfrutar de verdadera libertad, sabiendo que lo que haz sembrado hoy en algunos, lo recibirás de otros en tu destino Esto es verdadera libertad! Para culminar, y basándonos en lo discutido en este episodio, redefinamos qué es la verdadera libertad. Desde mi perspectiva, ser verdaderamente libre significa:

- Vivir fuera de los márgenes del prejuicio.
- Ser auténtico sin temor a críticas o señalamientos.
- No estar adherido a la aprobación humana.
- Vivir sin ser víctima de la manipulación espiritual.
- Tener criterio propio anclado en las sagradas escrituras.
- Vivir sin obsesiones que nublen la generosidad.
- Tener objetivos sin que lo habitual y trivial sea tu fuente de motivación.
- No moverte por presión, en su lugar, ser la presión que provoca movimientos productivos.
- Sencillamente ser revolucionario, sin causar revueltas.
- Actuar con objetividad y claridad, sin sacrificar la sensibilidad y empatía.

Eso es verdadera libertad: amar a las personas sin encadenarse a ellas. Es respetar las libertades de ambos, sosteniendo relaciones basadas en la dignidad y el respeto. Es darse su lugar, valorarse y establecer un vínculo sin humillación, maltrato o servidumbre.

Por tanto, si debes vivir restringido(a), que sea por el odio. Si eres renuente, que sea a la insensibilidad y apatía. Si te sientes desesperado(a), que sea por la libertad y la justicia. Si tienes hambre, que sea por extender la gracia de Dios que te ha sido otorgada. Al momento en que internalices y apliques estos principios, harán que tu corazón se incline irresistiblemente hacia una vida con tus deudas emocionales saldadas.

Principios a extraer y aplicar de este capítulo:

¿Encontraste algo que te confundió o te hizo dudar?

¿Cómo piensas que lo que aprendiste aquí te puede ser útil mañana?

¿Encontraste algo que quisieras compartir con alguien más?

CÁRCEL DE LOS SENTIMIENTOS
Episodio 9

▶ Watch video

ESCANÉAME

Escanéa el código con tu celular
para acceder el estudio del capítulo

CAPÍTULO 9

Luchando desde el Suelo

CAÍDO, PERO CON LOS OJOS ABIERTOS

J amás hubiera imaginado que, en la ciudad que nunca duerme, New York, recibiría la enseñanza más transformadora de mi vida. A menudo, las lecciones más valiosas sobre cómo lidiar con los misterios de nuestra alma provienen de situaciones atípicas.

Sucedió hace unos años, en uno de mis viajes a visitar a mi Papa. Mi principal propósito era pasar momentos valiosos con mi padre y mi prima. Pero al percibir nuestras distintas aficiones e intereses, acoplarme a su día a día se convirtió en un desafío durante la semana que estuvimos juntos.

Mi prima tomaba clases de artes marciales mixtas, las mismas técnicas utilizadas en el deporte del UFC, bajo la tutela de un instructor especializado. Aunque no soy partidario de la violencia, el entrenamiento me resultó inesperadamente cautivador y desafiante.

Lo que más me impactó de aquella experiencia fueron las palabras que el entrenador repetía constantemente a mi prima: "Tienes que aprender a defenderte desde el suelo". Esta afirmación provocó en mí una profunda reflexión y me llevó a cuestionarme: ¿Estamos realmente capacitados para defendernos desde el suelo? ¿Estamos preparados para enfrentar nuestras peores circunstancias en los momentos que nos sintamos caídos?

Defenderse desde el suelo, en un sentido metafórico, implica tener una estrategia para enfrentar nuestros desafíos emocionales, incluso cuando nuestra salud espiritual y emocional no está en su mejor momento. Defenderme incluso cuando estoy en el suelo significa no aceptar pasivamente ser solo una víctima cuando las circunstancias me tumban.

En la vida, cometer errores, sentirse desanimado o perder el aliento son eventualidades a las que nadie es inmune. Debo admitir que este pensamiento no apareció de repente; fue inspirado por un versículo bíblico que siempre me ha llamado la atención: "caído, pero con los ojos abiertos". Específicamente, me refiero al pasaje que dice:

> "El oráculo del que oyó las palabras de Dios, el que vio la visión del Todopoderoso; **caído, pero con los ojos abiertos**."
>
> — NUMEROS 24:4 RVR60

Es importante mencionar que este verso es parte de una serie de profecías dadas por Balaam. A primera vista, esta frase hace referencia a la visión del profeta mientras estaba en trance profético. Sin embargo, para el propósito de nuestra reflexión, este pasaje refleja la capacidad de ver claramente, incluso cuando nuestra perspectiva podría estar nublada, osea, cuando nos sentimos decaídos.

Con "perspectiva nublada o visión empañada" aludo a esos momentos en los que nos vemos sumidos en una derrota moral o sentimental. Son esos episodios en los que la simple idea de ir a la iglesia o publicar en redes sociales, o hasta recibír una llamada de un hermano o familiar, nos parece demasiado.

Es cuando una profunda tristeza reduce nuestra energía emocional y el deseo de socializar, orar o trabajar desaparece. Es en esos tiempos, cuando lo único que queremos es quedarnos en cama o perder la mirada en la televisión, que necesitamos aprender a 'defendernos desde el suelo'.

HOY QUIERO Y MAÑANA NO. EL DOBLE ÁNIMO Y EL CORAZÓN.

¿Te ha sucedido que, en ocasiones, sin que nada ni nadie te haya afectado, sientes un cambio en tu ánimo? Tal vez has luchado durante un tiempo prolongado contra una situación o debilidad. Un día piensas: "Voy a superar esta situación, voy a prosperar, voy a terminar este proyecto que comencé, voy a seguir esta dieta o voy a hacer ejercicio".

Estás plenamente determinado, pero al día siguiente, esa determinación se desvanece. La energía y convicción que tenías se esfuman y no tienes fuerzas, ni deseos, ni ganas de hacer nada.

¿Por qué sucede esto? "¿Qué sucede dentro de nosotros que hace que un día estemos llenos de ánimo y al día siguiente completamente desanimados? es en estos momentos cuando nuestro corazón puede convertirse en nuestro mayor adversario, manifestando lo que se denomina doble ánimo.

Santiago 1:8 nos advierte: *"El hombre de doble ánimo es inconstante en todos sus caminos"*. Este fragmento dice que es muy importante ser consistentes en nuestra vida diaria. No debemos tener "doble ánimo", es decir, no debemos estar divididos internamente, pensando una cosa pero sintiendo o haciendo otra, ya que esto nos lleva a ser inconstantes. Esta inconstancia se nota cuando no podemos tomar decisiones firmes y mantenernos en ellas.

No ser constante nos trae problemas, ya que no nos permite lograr lo que queremos. Si no somos constantes en el trabajo, no vamos a tener buenos resultados. Si no somos fieles y firmes en nuestras relaciones, estas no serán fuertes y estables. Además, si no mantenemos una fe constante, no podremos vivir completamente la experiencia de ser cristianos.

Entonces, ¿qué ocurre en el alma que desconozco? ¿Existirán profundidades en el alma aún inexploradas? Al igual que el ser humano no conoce completamente las profundidades del océano ni los confines del cosmos, tampoco comprende todas las ambivalencias del alma.

EL ALMA ES UN UNIVERSO COMPLEJO

"Cada cabeza es un mundo", y cada alma es un universo. Dios diseñó el ser interior del hombre con misterios aún no descubiertos por la consciencia humana. Las Sagradas Escrituras señalan: *"Un abismo llama a otro abismo a la voz de tus cascadas"* (Salmos 42:7).

Aunque esta afirmación pueda parecer mística, no resulta del todo descabellada, hay filosofias antiguas que tratan de explicar esto. Una de ellas es la Cábala, como doctrina judía, profundiza en la comprensión del alma. Esta filosofía esotérica judía sugiere que el alma no es solo el centro de nuestras pasiones, sino que se asemeja a un universo con territorios aún por descubrir. De manera similar a lo que sugieren algunos versículos complejos de la Biblia, la Cábala profundiza en el entendimiento de la conciencia del alma.

Déjame comentarte sobre lo que dice el Zohar, que es un texto que habla de cómo es nuestra alma, dividiéndola en diferentes partes que representan varias formas de pensar y sentir. Aunque lo traigo a la plática, no quiere decir que esté 100% de acuerdo con lo que dice, solo quiero que tengamos más opciones para analizar.

Este texto es parte de la Cábala, que es una forma muy especial de interpretar la Biblia en hebreo para las personas que practican el judaísmo ortodoxo. La Cábala ve el alma desde muchos ángulos, tratando de entenderla a fondo. Aquí te doy una idea rápida de cómo entiende la Cábala al alma:

"Cada mente tiene su propio universo, y cada alma tiene su propia galaxia."

#carceldelossentimientos

• **Nefesh**: es como el nivel inicial del alma que está ligado a nuestros instintos y a nuestra parte física. Es la parte del alma que vive en nuestro cuerpo y tiene una conexión directa con todo lo que podemos tocar y ver. Este nivel del alma nos guía en nuestras acciones cotidianas más básicas y nos da el impulso de querer seguir viviendo.

• **Ruaj**: Es la parte del alma que está conectada con nuestras emociones y sentimientos. Es más activa y tiene que ver con cómo nos movemos, lo que sentimos y nuestro sentido de lo que está bien y mal. Por otro lado, Nefesh está más relacionada con nuestros instintos básicos.

• **Neshamá**: Este es el nivel intelectual o divino del alma. Es la chispa de divinidad dentro de cada individuo. Este término se refiere a una parte muy especial y profunda de nuestro ser, que está conectada con lo divino o con un poder más grande que nosotros mismos. Es como una partícula interior que nos da la capacidad de entender cosas muy profundas y conectar con una sabiduría muy grande. Es la parte de nosotros que busca estar más cerca de lo divino y que va más allá de lo que podemos ver y tocar.

• **Jaiá**: Es un nivel más elevado del alma que raramente se manifiesta en el mundo físico. Es el nivel del alma que interconecta a todas las almas y permite una experiencia más directa de la divinidad.

• **Iejidá**: Es el nivel más elevado del alma, el más cercano a Dios. Representa la unidad absoluta con la Fuente divina. Es la esencia pura del alma, indivisible y eterna.

Este texto habla sobre la idea, en la filosofía judía, de que el alma tiene diferentes "niveles" o "estaciones", y que todos tenemos estos niveles en nosotros todo el tiempo, aunque podemos estar más conectados con uno en ciertos momentos o situaciones.

Así como en una radio podemos escoger escuchar diferentes estaciones, nuestro alma también puede "sintonizar" diferentes niveles dependiendo de cómo nos sentimos o lo que estamos experimentando en un momento dado.

Además, según las enseñanzas de la Cábala, el objetivo de nuestra vida es trabajar para purificar y elevar nuestro alma, con el sueño de alcanzar el nivel más alto, llamado "Iejidá". Esto lo podemos hacer a través de estudiar, meditar, seguir los mandamientos religiosos y otras formas de crecimiento espiritual, lo que nos permite tener una conexión más cercana con lo divino o espiritual.

Claro, hay cosas en esta forma de pensar que no están directamente relacionadas con lo que dicen las Sagradas Escrituras, pero eso no quiere decir que no podamos aprender cosas útiles de ellas. Limpiar nuestro espíritu es aprender a controlar esos pensamientos que van y vienen y que nos hacen dudar, que nos desaniman y nos hacen sentir más débiles.

"Es importante entender que lo que sientes no necesariamente define quién eres."

#carceldelossentimientos

Es ser capaz de mantenernos concentrados incluso cuando estamos pasando por momentos muy difíciles. Quiere decir encontrar una estabilidad emocional, aun en esos días en los que nos sentimos desmotivados y sin ganas de seguir adelante. Es vital comprender que tus sentimientos no determinan quién eres en realidad.

LO QUE SIENTES NO DEFINE QUIÉN ERES.

El alma es un abismo profundo y misterioso, albergando facetas y matices de nuestra personalidad que ni siquiera nosotros comprendemos por completo. Es como si existiera una gama de personalidades ocultas en lo más recóndito de tu ser, esperando su momento para emerger.

Aquellos cercanos a mí están al tanto de mi profunda pasión por servir a otros. De hecho, siempre he sentido que uno de mis llamados en la vida es ayudar a otros a descubrir y desentrañar ese potencial interno que a menudo aún no han descubierto. Sin embargo, hubo un día en particular que me encontré con una parte de mí que jamás había reconocido: un yo interno egoísta que se sentía explotado.

Ese día, cuando alguien solicitó mi ayuda en materia espiritual, me encontré por primera vez enfrentando un conflicto interno. Esta voz egoísta en mi interior insistía en proteger mis talentos y recursos, argumentando que no debería permitir que otros se aprovecharan de mí. Fue una epifanía tan abrumadora que, durante una semana, me sumergí en este mantra: "No dejaré que nadie más me explote". Este sentimiento me atrapó al grado de que rechacé cualquier solicitud de ayuda, desde estudios bíblicos hasta compartir mis escritos, convencido de que nadie valoraba realmente mis esfuerzos.

Quiero hacer una aclaración: uso un lenguaje figurado y de ninguna manera me refiero a un trastorno de personalidad múltiple. Simplemente comparto un descubrimiento personal, como haber hallado un rincón desconocido en mí mismo.

Un día, en mi tiempo devocional, Dios me habló directamente:

"Te creé y llamé, para que sirvas a otros, porque lo que no se utiliza se deteriora".

En ese momento, fue como si me hubieran quitado un velo de los ojos, y la realidad me golpeó dolorosamente. Sentí que había sido desconsiderado y, lleno de culpa, pensé en abandonar mi ministerio. Estaba emocional y espiritualmente devastado, y no era consciente de ello.

Dios me condujo hacia los principios que expongo en este capítulo. Al experimentar estos cambios, sentí la necesidad de compartir mis sentimientos con mi esposa. Le conté con sinceridad cómo sentía que Dios me había reorientado. Juntos, decidimos establecer una estrategia para "luchar desde el suelo".

Le indiqué ciertas señales que revelarían cuando ese comportamiento negativo surgiera en mí, y ella me ayudaría señalándome esos momentos. Así, podría distanciarme de esa faceta que no me representaba. Frecuentemente sentía que el doble ánimo me dominaba y que esa faceta era realmente una parte de mí. Sin embargo, con la guía del Espíritu Santo, comprendí que mis sentimientos no definen necesariamente mi esencia.

Este doble ánimo se manifestaba porque me había habituado a no concluir mis tareas. Y cuando dejas algo pendiente en algún aspecto de tu vida, das paso a la fluctuación de personalidades, es decir, al doble ánimo.

Muchos jóvenes han adoptado la creencia de que si sienten algo de una cierta manera, ese sentimiento

Cuando dejas sin finalizar algún aspecto de tu vida, le abres la puerta al vaivén de personalidades, es decir, al doble ánimo.

#carceldelossentimientos

define su identidad sexual o su lugar en la sociedad. Pero, ¿quién dice que lo que sientes es lo que realmente eres?

Vivir en un nivel "Nefesh" según la filosofía judía, implica ser esclavo de las pasiones del alma, lo cual puede distorsionar nuestra verdadera identidad, es decir, la integridad del "YO" tal como fue diseñado por Dios."

Tomemos un momento para reflexionar sobre la cita bíblica de Santiago 1:8. *"El hombre de doble ánimo es inconstante en todos sus caminos."*

En ella, Santiago nos brinda una clave para enfrentar el desafío del doble ánimo. La solución que propone no se encuentra de manera evidente, sino que está insinuada en sus palabras, *"inconstante en todos sus caminos".*

A veces, para entender realmente algo, debemos conocer lo contrario de lo que se quizo decir. Santiago señala que una persona de doble ánimo es inconstante en todas sus acciones. De esto podemos inferir que para superar el doble ánimo, debemos aprender a ser constantes en cada actividad que emprendemos.

Es muy importante terminar lo que empezamos, como por ejemplo, leer un libro completo antes de comenzar otro. Haciendo esto, profundizamos en el conocimiento de nuestra alma y elevamos nuestra conciencia, permitiéndonos ser más comprometidos y efectivos con lo que hacemos.

Es por eso que algunas personas nunca logran superar el doble ánimo; caen una y otra vez en los mismos patrones, como si estuvieran atrapadas en un círculo vicioso. Desde ese estado, la orden divina que dará estructura a nuestra existencia será desafiante, como un "déjalo morir" que se opone a nuestra voluntad propia.

Para vencer el doble animo, es esencial aprender a ser individuos que concluyen sus tareas.

#carceldelossentimientos

Según la enseñanza religiosa, solo siguiendo los consejos de Dios, que busca calmar nuestras inquietudes internas, podremos desarrollar la fuerza de carácter necesaria para controlar nuestros sentimientos y emociones.

DÉJALO MORIR

En relación a esto, Napoleón Bonaparte, un líder histórico, señaló en su libro que decidir es una de las tareas más difíciles y valiosas que existen, porque requiere un control firme sobre nuestros propios deseos y voluntades. Este emperador de Francia entre 1804 y 1814, compartió en su obra *Pensamientos y Reflexiones* diversas ideas sobre estos temas. En la página 15, señala: "Nada es más difícil, y por ende, más preciado, que ser capaz de decidir". Con esto, Napoleón dice que decidir algo es complicado y que se necesita mucha determinación y auto-control.

¿Alguna vez has escuchado que uno no puede controlar lo que el corazón dicta? Estar caído, ya sea emocional o espiritualmente, y tomar desiciones sobre nuestra propia voluntad puede verce como un acto imposible de alcanzar. Decidirte es lograr dominar tu voluntad de modo que no se oponga cuando se necesita obedecer una orden dada por Dios.

Decidirte es lograr dominar tu voluntad de modo que no se oponga cuando se necesita obedecer una orden dada por Dios.

#carceldelossentimientos

En buen estado espiritual, seguir a Dios es fácil. Pero, cuando estamos mal, ¿cómo hacemos para seguir lo que nuestro corazón nos dice? Quiero compartir cómo David hizo para enfrentar momentos difíciles y seguir a Dios. Estos momentos difíciles nos ayudan a volver al buen camino y a adorar a Dios sin miedo.

En el libro de Samuel, después de que David cometió un error con Betsabé y nació su hijo, el bebé se pone enfermo. David tenía esperanza y rezaba y ayunaba para que su hijo mejorara. Pero después de siete días, el bebé fallece. "¡Déjalo morir!" parecía ser la orden divina, mientras que el alma de David clamaba por mantenerlo con vida. Sin embargo, tuvo que enfrentarse a la inevitable y soberana voluntad de Dios. Al enterarse de la muerte de su hijo, David se levanta, se asea, se unge y se dirige a la casa del Señor para adorar. Después, regresa a su hogar y pide algo de comer. Aquí te dejo una parte de esa historia:

> David rogó a Dios por el niño. Ayunó y pasó la noche tendido en el suelo. Los ancianos de su hogar intentaron levantarlo, pero él se negó y no quiso comer

con ellos. Al séptimo día murió el niño. Los servidores de David temían darle la noticia, porque pensaban: "Cuando el niño aún estaba vivo, le hablábamos y no nos escuchaba. ¿Cómo le diremos ahora que el niño ha muerto? ¡Seguro se hará daño!" David notó que sus servidores cuchicheaban entre sí, y comprendió que el niño había muerto. Así que preguntó: "¿Ha muerto el niño?". —Sí, ha muerto —respondieron. David se levantó del suelo, se lavó, se perfumó y cambió de ropa. Luego entró en la casa del Señor y adoró. Después fue a su palacio, y al pedir que le sirvieran comida, comió. Sus servidores le preguntaron: "¿Por qué actúas así? Cuando el niño estaba vivo ayunabas y llorabas, pero ahora que ha muerto, te levantas y comes". Él respondió: "Mientras el niño aún vivía, ayunaba y lloraba, pensando: 'Quizá el Señor tenga compasión de mí, y el niño vivirá'. Pero ahora que ha muerto, ¿para qué voy a ayunar? ¿Podría yo devolverle la vida? Algún día iré a donde él está, pero él no volverá a mí".

— 2 SAMUEL 12:16-23 RVR60

Mientras el niño estuvo vivo, recordaba constantemente a David su error. Pero aunque David quería que el niño se quedara con vida, según la historia bíblica, Dios había decidido que no sería así.

De forma simbólica, se puede comparar esto con las veces que nos aferramos a cosas que, en el fondo, sabemos que deberían terminar. Es como cuando sientes que algo te vincula con tus errores y dudas, y por más que tratas de liberarte, no puedes. Incluso orando y ayunando, esas cosas no desaparecen. Esto puede deberse a que a veces dejamos que nuestras emociones nos controlen y nos volvemos tercos.

Te recomendaría que no dejes que tus errores del pasado controlen tu vida. Trata de superar esa terquedad y deja que esas cosas negativas desaparezcan. Muchas veces, existe una lucha interna en nosotros, una dualidad que nos impide seguir por completo lo que Dios quiere para nosotros, y esto nos da miedo. Este miedo surge cuando lo que queremos es diferente a lo que Dios quiere para nosotros, lo que nos hace sentirnos avergonzados y querer alejarnos de Dios.

Sé que es difícil hacer lo que nuestro corazón no quiere, especialmente cuando es diferente a lo que Dios espera de nosotros. Pero si logramos seguir lo que Dios quiere para nosotros, encontraremos que nuestros deseos y los de Dios son los mismos

Cuando te alineas completamente con la voluntad de Dios para tu vida, dicha voluntad se convierte en la tuya.

#carceldelossentimientos

Muchos creyentes buscan a Dios en momentos de crisis sin seguir un proceso, y al no hacerlo, se sienten inundados por dudas y desaliento. No podemos adorar con libertad si nuestros pensamientos nos remiten constantemente a nuestros errores. Por eso, antes de adorar, es fundamental enfrentar y superar estos sentimientos.

A continuación, te presento algunos pasos que tomó David, para lograrlo:

1. **Se levantó:** Esto implica un cambio de actitud. Nuestra postura influye directamente en cuán efectiva será nuestra recuperación.

2. **Cambió sus ropas:** En la tradición hebrea, cambiar de vestimenta simbolizaba una transformación en el estado de ánimo.

3. **Se lavó:** Este paso fue preparandose para el próximo. No podemos recibir la unción sin antes lavarse (purificarnos). De lo contrario, seríamos personas con vestiduras manchadas pero con un aroma agradable.

4. **Se ungió:** En el Antiguo Testamento, la unción se realizaba de dos formas: a través de profetas o sacerdotes y por propia iniciativa, buscando transformar nuestra esencia.

5. **Entró a la casa de Jehová:** La comunión con otros creyentes en la casa de Dios siempre es beneficiosa. Las dinámicas que se desarrollan al congregar son esenciales para superar las turbulencias internas del alma.

6. **Adoró:** Antes de hacer cualquier petición, es esencial conectarse con Dios.

7. **Pidió y le sirvieron:** Rompió las barreras del orgullo al pedir y mostrar su necesidad. Al hacerlo, obtuvo lo que precisaba.

8. **Aceptó la voluntad de Dios.** Aceptar los designios divinos implica tener la certeza de que hay un

"Neshamá" una chispa divina en todo lo que experimentamos en la vida, ya sean desafíos, alegrías o tristezas, contribuirá de manera positiva a nuestro crecimiento personal y fortalecerá nuestra relación con Dios y nuestros niveles de conciencia. Esta convicción nos da la capacidad de enfrentar adversidades con fe, entendiendo que Dios tiene un propósito mayor para nosotros, incluso si no lo comprendemos inmediatamente. Al confiar plenamente en Su voluntad, nos abrimos a la guía divina y permitimos que Su sabiduría moldee nuestro camino y nuestro carácter.

Algunos no recibimos lo que necesitamos porque este orden se altera. Con "alterar el orden", me refiero a que empezamos estos pasos en un orden descendente hacia ascendente, es decir, pedimos que nos sirvan y, por último, nos levantamos del suelo.

Lamento decirte que, para vencer al corazón y al doble ánimo, no funciona de esa manera. Primero hay que levantarse, cambiar de ropa, lavarse, ungirse y congregarse para poder pedir y ser servido, metafóricamente hablando. Esto nos proporcionará sobriedad cuando nos sintamos caídos o estancados y evitará que cometamos errores mayores o caigamos en prácticas irreversibles.

DESARROLLA UNA ESTRATEGIA PARA LUCHAR DESDE EL SUELO

Por lo general, nadie imagina que en algún momento el desánimo le visitará, y mucho menos deseamos revivir la sensación de estar estancados en él. Sin embargo, aunque pueda parecer incoherente, esta estrategia será la que diferencie a las personas que han logrado vencer el desánimo, el doble ánimo y la ambivalencia, de las que no lo han hecho. Así que, al acercarnos al final de este libro, será muy útil desarrollar estrategias básicas que nos ayuden a luchar desde el suelo.

En primer lugar, recuerda las ocasiones en las que has caído en una conducta pecaminosa, te has desanimado espiritualmente, has experimentado ansiedad o te has sentido deprimido. ¿Qué señales o actitudes recuerdas haber tenido?

¡Perfecto! A partir de ahí, comencemos a desarrollar nuestra estrategia para luchar desde el suelo.

• **Coméntale a un amigo** qué señales podrían indicar que estás pasando por una depresión. Indícale que, cuando lo note, intervenga, aunque tú mismo rechaces su ayuda.

• **Señala las indicaciones que demuestran que te estás descuidando.** Habla con tu mentor o líder espiritual sobre qué actitudes o vicios podrían indicar que te estás descuidando espiritualmente.

Recuerdo haber tenido esta práctica con un hermano de confianza. Le señalé que una de las actitudes que había observado en mí cuando me estaba descuidando espiritualmente era quedarme afuera del templo conversando con otros hermanos. Esto realmente me fue de gran ayuda, ya que, en general, cuando empiezas a descuidarte espiritualmente, todos lo notan menos tú.

El hermano que escogí actuó sabiamente: al ver que durante dos cultos me había quedado demasiado tiempo afuera, me lo mencionó. Esto me ayudó a tomar consciencia del estado espiritual en el que me encontraba y a "luchar desde el suelo". Uso la expresión "luchar desde el suelo" porque hay momentos en los que inevitablemente te sentirás así. Usar este recurso no será algo mágico que cambie automáticamente tu estado, pero será un comienzo. Lo que sí podrás hacer con esto es empezar a reorientarte y vencer el traicionero doble ánimo.

• **Rodéate de personas de fe.** Una vez hayas dado estos primeros pasos, busca estar cerca de personas que tengan un hábito de espiritualidad en su forma de hablar. Evita las personas pesimistas. No significa que dejarás de relacionarte con ellos, solo hazlo mientras recuperas tu fuerza.

• **Conciénciate del diálogo interno.** Me refiero a esas charlas que tienes contigo mismo, es decir, con tu conciencia, donde terminas sintiéndote mal o culpable de las que tienes que aprender a perdonarte.

• **Medita en las obras que Dios hizo en el ayer contigo** y recuerda que Él siempre te ha levantado en tus peores momentos.

• **Ante las agresiones sentimentales, mantente ecuánime.** Cuando te enfrentes a ataques emocionales, trata de mantener la calma y no dejarte llevar por la rabia o el orgullo. Si respondes desde un lugar de enojo, generalmente no es de mucha ayuda, ya que solo lograrás cerrarte y será más difícil escuchar a Dios y entender lo que realmente necesitas para sentirte bien otra vez. Si te mantienes calmado, podrás guiar tu alma de una mejor manera, tal como hizo el salmista cuando escribe: *"Vuelve, oh alma mía, a tu reposo, porque Jehová te ha hecho bien."* [Salmo 116:7 RV60].

Piensa en lo que le pasó al Rey David. Su hijo acabó de morir y él fue capaz de levantarse y empezar a comer como si nada hubiese pasado. Esto puede ser porque alcanzó un entendimiento más profundo de la vida y de su propósito "consciencia del alma", una idea que promueve la Cábala. Posiblemente, David, alcanzó una conexión especial y profunda con su "alma", lo que le permitió entender los planes y deseos eternos que hay en la vida. Esto es algo que también se menciona en las Escrituras, un texto que habla de cómo Dios puso una "chispa de eternidad" en nuestros corazones "leb", el lugar donde se encuentran nuestras pasiones más profundas. Escrito está:

"Todo lo hizo hermoso en su tiempo; y ha puesto eternidad en el corazón de ellos, sin que el hombre pueda entender completamente la obra que Dios ha hecho desde el principio hasta el fin."

— ECLESIASTÉS 3:11 [RVR60]

Este fragmento habla de dejar que la parte de nosotros que es eterna y viene de Dios, crezca dentro de nosotros. Esto significa aprender a pensar y sentir como Dios, usando nuestras emociones para conectarnos con el amor enorme y generoso que Dios nos ofrece, aunque no lo merezcamos.

FIRMES EN EL CORAZÓN

En respuesta a la inquietud de vencer el doble ánimo, las Escrituras nos suministran un consejo que se encuentra en 1 Corintios 7:37:

"Pero el que está firme en su corazón, sin tener necesidad, sino que tiene dominio sobre su propia voluntad..."

Para liberarnos de la cárcel de la ambivalencia, es crucial resaltar dos aspectos fundamentales que el texto nos provee: En primer lugar, *"Firme en el corazón"* y en segundo lugar, *"tener control sobre su propia voluntad"*.

El primero hace hincapié en la necesidad de una decisión inquebrantable, mientras que el segundo destaca la importancia del autodominio.

Ahora, veamos más de cerca este consejo de la Biblia que nos enseña a no dejarnos llevar por sentimientos encontrados, basado en estos dos puntos clave:

• **Estar firme en el corazón**: Mantener nuestro corazón firme es una postura basada en una decisión consciente. Cuando abordo este tema en iglesias y auditorios, siempre recalco que el amor es una elección, no un simple sentimiento. Los sentimientos pueden fluctuar e ser inestables, pero el amor verdadero es constante. Si el amor fuese solo un sentimiento, Dios no podría ser amor en esencia, dado que Dios es inmutable. Dios optó por amarnos, y nosotros, reflejando su imagen, también podemos decidir amar y fortalecer nuestro corazón, liberándonos de desequilibrios emocionales.

• **Tener dominio sobre tu propia voluntad**: Esto implica que ninguna influencia externa, ya sea lo que escuchas o lo que ves, debe tener control sobre tu voluntad o deseos. Al tomar el mando de tu voluntad a través de decisiones conscientes y autocontrol, te haces resistente a caer en ilusiones emocionales. Es alcanzar lo que la filosofía judía llama "**Iejidá**" una unidad absoluta con la Fuente Eterna. Es la esencia pura del alma, como vivir en sincronía con el Espíritu Santo de modo que no haya necesidad de directrices. El deseo de Dios se vuelve nuestro deseo; lo que Él repudia, lo repudiamos, siendo una unidad con nuestro Padre Eterno.

En conclusión, tu mayor conflicto será, en gran parte de tu vida, contra tu propio corazón. Es ahí donde, si con convicción tomas decisiones a favor de la voluntad de Dios, podrás crecer en los niveles de consciencia del alma. Estoy seguro de que no naciste para ser doblegado por el desánimo o la tibieza espiritual.

Luchar desde el suelo no significa resignarse a estar derrotado; al contrario, se trata de adoptar una postura ofensiva incluso en los momentos más adversos.

Es la capacidad de desarrollar una estrategia en medio de la adversidad, asegurándote de que tus errores no escalen y de que puedas aprender de ellos. Ser un estratega en este contexto implica aprovechar a tus aliados espirituales, aquellos que te apoyan y te ayudan a recuperarte, para no quedar dominado por tus emociones y poder levantarte después de un tropiezo.

Imagínalo de esta manera: es similar a un boxeador que, tras recibir un golpe devastador que lo desorienta, no se rinde. Aunque temporalmente pueda estar desfavorecido, su entrenamiento y experiencia le permiten evadir golpes adicionales, protegiéndose de un posible nocaut. A pesar de no encontrarse en su mejor estado, logra defenderse y sobrellevar la situación hasta encontrar una oportunidad para recuperarse o contraatacar.

En la vida, enfrentamos situaciones que nos desafían y nos golpean inesperadamente. Sin embargo, "luchar desde el suelo" es recordar nuestra formación, nuestro propósito, y usar todas las herramientas a nuestra disposición para seguir adelante, sin permitir que los obstáculos nos definan.

La autocompasión en este momento no es útil, así que retoma lo que Dios te dijo. Recibe las fuerzas destinadas para aquellos con el corazón inseguro (apocado): *"Decid a los de corazón apocado: Esforzaos, no temáis; he aquí que vuestro Dios viene con retribución, con pago; Dios mismo vendrá y os salvará." [Isaías 35:4-10].*

Dios mismo se hará cargo de ti. Claro que es difícil vencer al corazón y las ambigüedades del alma, pero no es imposible.

Estar caídos en alguna etapa de nuestra vida no es una circunstancia remota; aun así, puedes entrenarte para tener los ojos abiertos. ¡Vamos, tú puedes luchar desde el suelo mientras te levantas!

Principios a extraer y aplicar de este capítulo:

¿Qué aprendí?

¿Te confronta algo de lo discutido?

¿Cómo puedes aplicarlo a tu situación actual?

CÁRCEL DE LOS
SENTIMIENTOS
Episodio 10

▶ Watch video

ESCANÉAME

Escanéa el código con tu celular
para acceder el estudio del capítulo

CAPÍTULO 10

Re-calibrando
el Corazón

VENCIENDO MI
PROPIO CORAZÓN

> El día que traiciones tu corazón y se lo entregues a
> Dios, serán buenas sus intenciones.

— DANAY SUÁREZ

En una funeraria de la ciudad de Nueva York, yacía el cuerpo inerte de quien en vida fue amado por su hijo. El rostro radiante de este personaje se esfumó con su vida, no cuando murió. Realmente fue antes de consumir su último suspiro, cuando la desilusión le había arrancado el corazón, dejándolo como un ermitaño sin causa, simplemente sin deseos de vivir.

¡Así nada más! No quiso luchar por nadie... era como mirar al rostro a la muerte con sonrisa hipócrita y decirle "acaba de hacer lo que has venido a hacer".

Un corazón roto descalibró su centro de comando, infartando el recuerdo de quien fue amado por su hijo. Ahora era una factura más de aquella funeraria y la excusa para congregar a familiares que nunca se comunicaban entre sí.

Todos los invitados habían cumplido con entregar sus expresiones de solidaridad ante la repentina partida de este hombre; sin embargo, aquel hijo permanecía callado. Funcionando a la altura de su posición, consolaba a otros. Atendía a los invitados, abrazaba a la familia, pero no se acercaba al cuerpo de quién, en vida, fue amado por su hijo.

En su intento de consolar a un familiar, fue abofeteado por una palabra que salió de su boca. —¿Cómo que me calme? ¿No ves que es tu papá quien está en esa caja? ¿No te duele?— reclamó el hermano de aquel que fue amado por su hijo.

Sin embargo, él permanecía templado y sereno. Parecía que la densidad de la atmósfera había cambiado; era una buena oportunidad para hacerle una catarsis al alma, dejando salir el llanto que, por horas, había suprimido. Fue cuando, cruzado de brazos, se mostró por primera vez vulnerable al sentimiento.

La guardia estaba abajo; era una buena oportunidad para recalibrar el corazón. Y justo cuando se escapaba un alarido de su alma, las palabras de un ministro interrumpieron el proceso. —Hermanos, no lloren, pues el amado por su hijo duerme, esperando su advenimiento. Recuerden que la Biblia dice: "¡No lloréis!"— afirmó con autoridad el ministro.

Cuán cruel puede ser la vida, cuando, como hijo, eres privado de la oportunidad de acompañar a tu padre al umbral de la muerte, y ahora te privan del derecho saludable de abrir tu corazón. ¡Por supuesto! Porque un cristiano "no debe llorar". Este ministro no sabía que impedir el recalibrado del corazón de aquel hijo tendría consecuencias nefastas.

No sabía que después de esa tarde entraría en un luto del que le costaría unos treinta días de productividad reponerse. Tampoco sabía que la angustia le desorientaría, encarcelando su capacidad creativa por un periodo más prolongado de lo esperado. ¿Por qué insistir en esparcir una cultura de represión emocional?

¿Acaso Dios no sabe el efecto de nuestras emociones? ¿Piensa Dios que un buen modelo de fidelidad es ocultar el dolor?

Es realmente duro querer llorar por un familiar que ha partido con el Señor, y que alguien, con buenas intenciones, te diga: "No llores, ya está con Dios". Si bien confiamos en nuestra fe, eso no cambia que le extrañaré mucho. Hay momentos que no pudimos compartir juntos, memorias que no se pudieron construir, y enfrentar esa realidad duele profundamente.

De hecho, al acercarnos fielmente al texto, notamos que la manera en que el ministro citó el pasaje no refleja exactamente lo que está escrito. El texto en discusión dice:

> «No se pongan tristes como los que no tienen esperanza»
>
> — 1 TESALONICENSES 4:13 [TLA].

No se nos ordena no llorar o no sentir tristeza; más bien, se nos instruye a no entristecernos como aquellos que carecen de esperanza. En la misma línea, encontramos las palabras de Jesús en el sermón de las bienaventuranzas:

> «Dios bendice a los que lloran, porque serán consolados»
>
> — MATEO 5:4 [NTV].

En la Biblia, no se indica que procesar el dolor a través del llanto sea una conducta inapropiada. De hecho, el propio Jesús, estando frente a la tumba de Lázaro, lloró. Esto sucedió a pesar de que le había dicho a Marta que la muerte de su hermano era una oportunidad para la manifestación de la gloria de Dios [Juan 11:35].

Jesús lloró movido por el profundo amor y compasión que sentía por su amiga Marta. Así como Jesús, la empatía debería motivarnos a «llorar con los que lloran» [Romanos 12:15]. Que una persona exprese su dolor no implica que le falte fe o que no sea espiritual. Jesús nos dejó un ejemplo de compasión hacia quienes han perdido a un ser querido, y es un ejemplo digno de seguir. En resumen, está bien llorar cuando se necesita re-calibrar el corazón.

ESCAPISTAS EMOCIONALES

Cuando el dolor toca a la puerta, nuestra brújula emocional, que sirve como instrumento de dirección, pierde su calibración. Nos desorientamos y, a menudo, colocamos en otros la responsabilidad de nuestro bienestar emocional, optando por huir de nuestras emociones. Aunque pueda parecer contradictorio, hay emociones de las que no deberíamos escapar, ya que estas nos ayudarán a recalibrar nuestro corazón.

Soy consciente de que a lo largo de este libro hemos analizado los resultados de las emociones desmedidas, los peligros de los sentimientos ignorados y la evolución de la energía emocional, siendo nuestra principal recomendación evitar caer en los extremos.

Sin embargo, hay soluciones a conflictos del corazón que requieren permitir que las emociones fluyan, es decir, que no se repriman.

Guardar silencio o reprimir estas emociones sería como una suerte de vasectomía a nuestro destino profético, estancándole en la infertilidad espiritual. Si lo hacemos, es como cortar nuestras posibilidades y frenar nuestro crecimiento espiritual.

Reprimir algunas emociones será como una suerte de vasectomía a nuestro destino profético
#carceldelossentimientos

De la misma forma, existen conflictos saludables que no deberíamos esquivar. Hay veces que necesitamos gritar, llorar o expresar nuestro malestar, todo con el objetivo de lograr un bienestar completo.

Al igual que Jesús, cuando volcó las mesas de los cambistas (Juan 2:15), podemos expresar nuestra ira sin dejar que ella nos domine o nos lleve a agredir o lastimar a alguien.

Si te cuestionas si tal acción es actuar "en la carne", no necesariamente implica que sea un pecado. Recuerda que está escrito que Jesús no cometió pecado, el texto dice:

"Él no cometió pecado ni hubo engaño en su boca"

— 1 PEDRO 2:22 [RVC]

Esto se menciona a pesar de su acción al volcar las mesas y usar un látigo en el templo. En otras palabras, es posible expresar lo que sentimos internamente, sin pecar.

Estos conflictos pueden desafiar una paz superficial en iglesias, lugares de trabajo, escuelas y seminarios. Vivir de manera contenida, evitando el descontento, reprimiendo emociones y utilizando diversas tácticas para huir de nuestros sentimientos de vulnerabilidad, se ha vuelto parte de nuestra identidad colectiva.

En las iglesias de hoy, sería bueno tener más talleres sobre cómo hablar en el momento adecuado y no dejar esos silencios raros. También necesitamos aprender a llevarnos bien cuando trabajamos juntos.

Paul Tillich, un experto en religión, dijo algo como:

"La fe es ser real en la vida" y *"La buena comunicación sucede cuando podemos entender lo que sentimos y lo que sienten los demás"*.

Si aprendemos a expresar lo que sentimos y, al mismo tiempo, nos esforzamos por comprender las emociones de los demás, nos llevaremos mejor en la iglesia.

Es como decir que si hablamos abierta y sinceramente de nuestras emociones, nos ayudará a construir relaciones más fuertes y comprensivas en la comunidad de fe, evitando los vacios que generan la falta de comunicación.

NARANJAS DE ORO CON INCRUSTACIONES DE PLATA

Uno de los obstáculos que impide el crecimiento de una espiritualidad equilibrada es no expresar los sentimientos cuando es necesario. El autor de Proverbios destaca la importancia de esto al decir:

«Como naranjas de oro con incrustaciones de plata son
las palabras dichas a tiempo»

— PROVERBIOS 25:11 [NVI].

Esto sugiere que expresar lo que sentimos en el momento adecuado es valioso y, a veces, raro. Hablar con claridad y sinceridad puede ayudar a que el corazón siga adelante.

En el pasaje mencionado de Proverbios 25, el sabio autor nos muestra cuán inusual y sorprendente sería encontrar una naranja adornada con oro. Claramente, utiliza esta imagen como punto de reflexión basado en una observación.

Desde el verso 4 hasta el 10, nos da consejos sobre relaciones y lecciones de vida cotidiana. Y al llegar al verso 11, resalta la importancia de elegir las palabras correctas en el momento adecuado.

Si profundizamos en el mensaje del autor, más allá de su lenguaje poético, veremos que no está realmente centrado en la naranja o el oro. En realidad, está destacando cuán desafiante es expresar exactamente lo que se necesita en el momento oportuno.

La Biblia NVI, en su versión en español, nos presenta mediante esta analogía dos principios esenciales que quiero destacar:

El silencio y la falta de comunicación son terrenos fértiles para la confusión y la ansiedad.

#carceldelossentimientos

1. Comunicación Oportuna: Nos muestra la importancia de expresar nuestros sentimientos y emociones en el momento adecuado. Justo como un alimento servido en el momento justo, una palabra o sentimiento compartido a tiempo puede ser curativo, reconfortante y esencial para la salud emocional.

2. El Peligro de los Silencios: Por otro lado, nos advierte sobre los riesgos de los vacíos comunicativos. Estos silencios, cuando se prolongan, dan lugar a malentendidos. Al igual que los hongos crecen en la oscuridad, los malentendidos se expanden en el silencio, creando confusión y posibles conflictos.

El mensaje central de este pasaje es revelador: las palabras adecuadas, dichas en el momento correcto, son como tesoros raros, preciosos y valiosos. Aun así, no podemos olvidar el otro lado de la moneda: el silencio y la falta de comunicación son terrenos fértiles para la confusión y la ansiedad.

Por lo tanto, comunicarnos a tiempo no solo es un acto de amor hacia el otro, sino también una manera efectiva de mantener a raya la ansiedad y los malentendidos.

El libro de Proverbios es una fuente inagotable de sabiduría, y en **Proverbios 17:19** encontramos una enseñanza especialmente reveladora: *"El que abre demasiado la puerta busca la ruina".* Esta cita nos lleva a reflexionar sobre la importancia de la moderación y la prudencia en nuestra comunicación. El sabio proverbista nos aconseja tener cuidado con la excesiva apertura. No se trata de ser cerrados o evasivos, sino de ser cautelosos con cuánto revelamos.

> Comunicarnos a tiempo no solo es un acto de amor hacia el otro, sino también una manera efectiva de mantener a raya la ansiedad y los malentendidos.

En cualquier caso, es crucial entender que el problema no radica en abrirse, sino en hacerlo en exceso y compartir más de lo que es apropiado o saludable. La comunicación emocional, cuando se hace correctamente, es un arte que requiere discernimiento.

Cerrar las puertas a lo que sentimos tampoco es la solución. Suprimir nuestras emociones puede ser tan dañino como exponerlas sin filtro. Un ejemplo bíblico ilustrativo es el de Caín y Abel. En **Génesis 4:5**, Dios advierte a Caín sobre el peligro de dejarse consumir por el enojo y la envidia.

La falta de comunicación y el no enfrentar esos sentimientos oscuros llevó a Caín a cometer el peor de los actos: asesinar a su hermano. Esta narrativa nos muestra que la raíz de la amargura y la ira, cuando no se gestionan adecuadamente, pueden tener consecuencias devastadoras.

> La comunicación emocional, cuando se hace correctamente, es un arte que requiere discernimiento.
>
> #carceldelossentimientos

El silencio y la supresión emocional pueden ser una bomba de tiempo. No confrontar y comunicar nuestra ansiedad y nuestros sentimientos puede desencadenar en acciones impulsivas y palabras hirientes.

> "Entonces Jehová dijo a Caín: ¿Por qué te has ensañado, y por qué ha decaído tu semblante? Si bien hicieres, ¿no serás enaltecido? y si no hicieres bien, el pecado está a la puerta; con todo esto, a ti será su deseo, y tú te enseñorearás de él."
>
> — GÉNESIS 4:6-7 (REINA-VALERA 1960)

"Ensañado" se refiere a manifestar gran enojo o resentimiento hacia algo o alguien. Es una intensidad emocional que puede llevar a actos de crueldad o violencia. En el contexto bíblico, cuando Caín se "ensañó", indica su profundo resentimiento hacia su hermano Abel.

El ensañamiento, manifestado en actitudes de profundo resentimiento o ira, puede interpretarse como una perturbación del alma. Cain, según la Biblia, demostró este ensañamiento cuando dejó que la ira y los celos lo llevaran a matar a su hermano Abel.

Tal condición del alma evidenciada en la historia de Caín surge cuando no expresamos nuestras palabras a tiempo, lo que es esencial para restaurar el equilibrio y la paz interna.

Tal vez, si Caín hubiera compartido sus inquietudes y sentimientos, la historia hubiera sido diferente. En nuestras vidas, es esencial aprender a comunicar lo que sentimos a tiempo, evitando así decisiones precipitadas y palabras que puedan herir a los demás.

EL ANTÍDOTO ESCONDIDO CONTRA LA ANSIEDAD: LA COMUNICACIÓN AUTÉNTICA

Todos, en algún momento, hemos sentido la pesada carga de la ansiedad. Pero, ¿alguna vez has pensado que la comunicación podría ser el antídoto que necesitas? La ansiedad suele aparecer cuando nos sumergimos en pensamientos racionales excesivos, cuando nos comparamos con otros y sentimos que no podemos compartir nuestros sentimientos.

"Pongan todas sus preocupaciones y ansiedades en las manos de Dios, porque él cuida de ustedes. ¡Estén alerta! Cuídense de su gran enemigo, el diablo, que anda como león rugiente buscando a quién devorar. Manténganse firmes en su fe. Sepan que hermanos en Cristo alrededor del mundo enfrentan las mismas luchas. Dios, en su bondad, los llamó para compartir su gloria eterna en Cristo. Después de un breve sufrimiento, él los restaurará y los hará fuertes y firmes." — 1 Pedro 5:7-10 NTV

Este pasaje nos revela cómo combatir la ansiedad:

1. **Sal de tu burbuja.** Recuerda que hay otros enfrentando batallas similares: "Recuerden que sus

hermanos en Cristo... están pasando por el mismo sufrimiento".

2. **Mantente enfocado.** "Mantén la mente clara en toda situación".

3. **No asumas que estás exento del sufrimiento.** "No tengas miedo de sufrir por el Señor".

4. **Comparte tanto tus victorias como tus desafíos.** "Ocúpate en decirles a otros la Buena Noticia..."

5. **Libera tus cargas.** "Pongan todas sus preocupaciones y ansiedades en las manos de Dios".

Reflexionemos sobre la sabiduría de Pedro: estar conscientes de nuestras emociones y reconocer cuando el adversario intenta manipularlas. *"¡Estén alerta!... el diablo... busca a quién devorar".* Quien se encuentra abrumado y preocupado es vulnerable ante las oscuridades del enemigo.

Hay personas que sufren ansiedad espiritual solo porque no tienen espacios donde puedan liberar sus sentimientos hacia Dios y por Dios. Lamentablemente, acostumbramos a no expresar nuestro dolor, incluso hacia Dios. ¿Cómo actuamos cuando Dios permite que el dolor llegue a nuestra vida? ¿Reprimimos lo que pensamos? ¿Nuestra oración es solamente "Señor, te alabo aunque llegue lo bueno o lo malo"? ¿Qué es lo que piensas? ¿Cuál es tu frustración en estos momentos y por qué la ocultas?

DESAHOGARTE CON DIOS, DE DIOS ¡NO ES PECADO!

Nuestra tradiciones de fe, en el caso de los que somos evangélicos, se han construido alrededor de la idea de que un buen cristiano nunca se queja de lo que Dios le permite vivir.

¡Nada más alejado de la realidad! Al explorar nuestra Biblia, nos topamos con un libro: Lamentaciones. En él, se nos muestra que Dios permite al ser humano expresar su dolor y descontento frente a circunstancias que Él ha permitido.

Ahora, es vital no malentender este punto; no sugiero que trates tu relación con Dios como si tuvieras el derecho de demandarle algo. Lo que quiero resaltar es que existen numerosos ejemplos en la Biblia donde Dios permite la expresión humana de descontento o frustración.

Si mantenemos la idea de que Dios se siente ofendido cada vez que expresamos nuestra frustración ante situaciones que Él ha permitido, nos privamos de la oportunidad de profundizar en el vasto amor y comprensión de nuestro Dios.

Muchas personas se acercan a la teología del libro de Job solamente contemplando la idea de lo que dice el texto, cuando se menciona que *"Job no pecó con sus labios"* (Job 2:10). A pesar de eso, olvidan explorar los capítulos posteriores al capítulo cinco, donde Job comienza a hacer una catarsis del alma.

Job hizo expresiones como *"Maldito el día en que nací"* (Job 3:1 TLA) y *"Que ese día se torne en tinieblas"* (Job 3:4-5). Hay múltiples versos bíblicos donde Job no está en una postura de adoración, sino que le expresa a Dios lo que siente.

DESAHOGOS REVERENTES

Efectivamente como indica el capitulo tres del libro de Job, él no pecó con sus labios, solo le fue permitido lo que yo llamo un *"desahogo reverente"*.

Evidentemente, al final, nuestro soberano Dios termina ganando esta batalla, porque no hay batalla que no la gane, pero hay algo que en ocasiones ignoramos.

La relación de Job cambió, pasando de ser una de oídas a una en la que realmente conocía a Dios. Por eso, Job dice: "De oídas te había oído, pero ahora mis ojos te ven" (Job 42:5). Es decir, antes vivía con un conocimiento distante de Ti, pero ahora he podido contemplar tus profundidades.

Me atrevo a decir que, aparte del amor de Dios, una de las cosas que mantuvo vivo a Job fue el expresar y ventilar lo que sentía.

¿Por qué seguir interpretando un grito de dolor o una pregunta de duda como una deshonra a Dios?¿Que acaso otros personajes en la biblia no tuvieron un desahogo reverente?

¡Por supuesto que sí! El unigénito Hijo de Dios tuvo su "desahogo reverente" en la cruz al exclamar *"¡Padre mío, Padre mío, ¿por qué me has desamparado?"* (Mateo 27:46). El mejor modelo que podemos tener de una relación saludable con Dios Padre recae en los hombros de Jesucristo mismo.

Si él mismo Jesucristo se tomó el tiempo de decir las palabras a tiempo, hagamos con reverencia nosotros lo mismo.

USA TU NARANJA DE ORO, TU COMUNICACION EMOCIONAL

Incorporar en nuestra rutina diaria el hábito de usar las palabras correctas en el momento adecuado puede ser la clave para conservar relaciones valiosas. En familias numerosas, es común que los hermanos se comuniquen entre sí para comentar sobre lo que otro hermano ha dicho. Sin embargo, sería más beneficioso si, en lugar de hacer esto, se comunicaran directamente con el hermano o familiar con el que tienen desacuerdos. Esta simple práctica no solo puede salvar relaciones, sino en algunos casos extremos, incluso vidas.

La vida no tiene por qué ser complicada. ¿Extrañas a alguien? Llama. ¿Deseas encontrarte con alguien? Invita. Si buscas ser entendido, explica tu punto de vista. ¿Tienes dudas? Haz preguntas. Si algo no es de tu agrado, exprésalo; y si algo te encanta, no dudes en afirmarlo. Si deseas algo, no tengas miedo de pedirlo. Y si amas a alguien, demuéstralo. La simplicidad es la clave.

Tal vez al comenzar este capítulo, la historia que presenté te pareció simbólica o, debido a su estilo poético, incluso redundante. Sin embargo, su propósito es destacar la importancia de la comunicación directa y sincera en nuestras vidas.

Creeme, no hay ningun problema con eso, solo he estado usando este espacio para descargar mi corazon. El que en vida fue amado por su hijo era mi papa, y la experiencia que detalle al comienzo del capítulo, fue en su funeral en la ciudad de New York en el año 2016.

Como te he confiado a ti querido lector, fue muy duro para mi este proceso, pues hubo memorias que no pudimos construir juntos. Consejos, risas y tiempo que mi padre me quedó debiendo.

Mi único deseo era tomarlo de la mano en aquella fría cama del hospital Jacoby en la ciudad de Nueva York y decirle: "Aquí estoy a tu lado para acompañarte hacia tu nueva residencia. Papi, que tengas buen viaje, guárdame el mejor asiento del otro lado. Te prometo que volveremos a beber tu "Morir Soñando" juntos.

Con lágrimas en los ojos, lo admito sin vergüenza, no pude cumplir ese deseo. Mi padre partió al lado del Señor, estando solo en el hospital. Su partida fue de una forma que ni el más cruel de los delincuentes debería enfrentar: en soledad. Un hombre con el calibre de sus sentimientos no merecía una despedida así.

Es por eso que, durante su funeral, alguien, con una interpretación inapropiada de los textos bíblicos, saboteó mi oportunidad de usar mi "naranja de oro con incrustaciones de plata": mis palabras a tiempo. La oportunidad escapó de mi corazón. Ese llanto no resuelto no se resolvió nunca. Bajo este cielo y ante el Dios Altísimo, esta no debería ser tu historia. Tienes en tus manos tu naranja de oro, ¡úsala!

EN UN UNIVERSO ALTERNO, EL VALOR DE LAS PALABRAS

Les invito a imaginar un escenario alternativo por un momento. Imaginen un mundo en el que el icónico Dr. Martin Luther King nunca se hubiese presentado en las escaleras del Monumento a Lincoln, en Washington D.C., y nunca hubiera expresado sus emblemáticas palabras "Tengo un sueño".

Visualicen, por un momento, que en los relatos del evangelio, aquel hombre ciego no hubiera dicho con fervor a Jesús: "Anhelo ver nuevamente" o "Sí, Señor, deseo ver" (Marcos 10:51). ¿Que hubiera sido de Bartimeo el no vidente?

Visualicemos un momento en el estanque de Bethesda, cuando el paralítico, desesperado por sanar, exclamó: "¡Jesús, Hijo de David, ten compasión de mí!" (Juan 5:2-9).

Imagina el potente cambio de destino del carcelero en Filipos, que, a punto de quitarse la vida, escucha a Pablo asegurarle que todos los prisioneros seguían allí (Hechos 16:27-28). ¿Cuál habría sido el destino de ese carcelero sin esas palabras cruciales?

Pongámonos a pensar por un momento, en un mundo paralelo, donde Jesús no hubiera proclamado "¡Consumado es!" o "Padre, perdónalos porque no saben lo que hacen", ni desafiado a los acusadores con "El que esté libre de pecado, que lance la primera piedra".

¿Qué rumbo habría tomado la historia de la humanidad? ¿Pueden comprender conmigo cuán valiosas son estas *"Palabras en marcos de plata dentro de cuadros de oro", palabras pronunciadas justo en el momento indicado?* (Proverbios 25:11)

Como una expresión para cerrar este capítulo, y nuestra travesía por las emociones y sentimientos en este libro, tengo que decirte que si necesitas decir un te amo, que seque las raíces del odio, hay que decirlo a tiempo.

Si hay que decir un perdóname, que construya puentes de reconciliación, hay que decirlo a tiempo. Si hay que decir un ayúdame, que exponga tu vulnerabilidad y silencie los ruidos del orgullo personal, hay que decirlo a tiempo. Un cumplido, que levante la moral, hay que decirlo a tiempo.

Si necesitamos alzar la voz con un mensaje profético, denunciando las injusticias, debe ser en el momento adecuado. Tal vez pronunciar un "no", que redefina las prioridades y nos aleje de distracciones, debe hacerse justamente cuando se necesita.

Un "te extraño" que puede elevar el espíritu, debe ser expresado en el instante correcto. No hay demostración de amor más sincera que palabras pronunciadas en el momento preciso. Estas actuarán como una brújula que re-orientará y re-calibrará nuestro corazón en momentos de duda.

En el funeral de mi padre, las palabras y las lágrimas quedaron atrapadas en mi garganta, sin encontrar salida. Admito que me encerré en mi propio lamento, en una prisión de silencio y soledad. El no permitirme expresar mi dolor fue un error que me acompañó, una cadena que no supe romper. Sin embargo, este relato de tristeza no tiene por qué ser tu narrativa.

Tal vez aún tienes la oportunidad de estar junto a tus seres amados, de expresar aquello que sientes y de regalarles esas palabras preciosas, como naranjas enlazadas en hilos de oro.

El perdón es un regalo divino, pero la sanidad emocional y espiritual florece cuando compartimos nuestros sentimientos y nos apoyamos mutuamente en comunidad. Anímate a vivir en plenitud, manteniendo un vínculo genuino con el Espíritu Santo, siendo siempre consciente de tus emociones. Con esa guía y apertura, no existirá cárcel emocional que pueda retenerte.

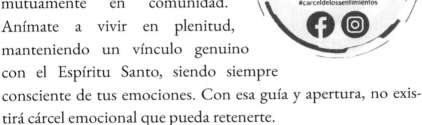

El perdón es un regalo divino, pero la sanidad emocional y espiritual florece cuando compartimos nuestros sentimientos y nos apoyamos mutuamente en comunidad.

#carceldelossentimientos

Con ojos bañados en lágrimas, insisto en que hables. Si una tentación amenaza con consumirte, no guardes silencio: compártelo. Si sientes la urgencia de pedir perdón, hazlo antes de que el momento pase. Si un "te amo" puede erradicar la amargura, pronúncialo sin demora.

Si un "perdóname" puede tendernos un puente hacia el otro, no esperes. Y si un "ayúdame" puede mostrarnos tu auténtico ser y apagar el eco del orgullo, deja que esas palabras fluyan. Un elogio sincero, que pueda iluminar el día de alguien, merece ser expresado en el momento justo. Todo ello es esencial para recalibrar nuestro corazón y romper las cadenas de una prisión emocional.

Y mientras cierras estas páginas, siente el palpitar de las historias, consejos y emociones que aquí te he compartido. Pero recuerda, querido lector, que como toda buena historia, hay capítulos que aún esperan ser contados. Así que, mientras reflexionas sobre lo que has leído, te dejo con un misterioso pensamiento: esto es solo el comienzo.

Reflexiones a partir de este capítulo:

¿Qué lecciones he adquirido?

¿El contenido me ha desafiado
o hecho reflexionar?

¿De qué manera puedo integrarlo
a mi contexto presente?

Escanéa el código con tu celular
para acceder la Obra de Teatro

CÁRCEL DE LOS
SENTIMIENTOS

ACERCA DEL AUTOR

El evangelista Leuyín García nació en el estado de New York y fue criado en Puerto Rico. Es padre, esposo, conferencista, maestro y escritor. Durante más de dos décadas, Leuyín ha dedicado su vida a proclamar y enseñar el evangelio. Posee una Maestría en Teología y una Maestría en Divinidades del McCormick Theological Seminary  en Chicago, E.U. Actualmente, es ministro de las Asambleas de Dios y reside en Carolina del Norte, E.U. Junto a su esposa, Janeza Pérez, fundó la Academia de Capacitación Ministerial "Navegantes". Su enfoque, que armoniza profundidad con sencillez, ha tocado a miles en Centroamérica y E.U. mediante cruzadas evangelísticas, congresos y seminarios. Apasionado por la presencia de Dios, Leuyín se empeña en guiar a otros hacia su máximo potencial en Cristo. En la actualidad, junto con su equipo ministerial, desarrolla proyectos sociales en diversas partes del mundo, todo para la gloria de Dios.

Si interesa ponerse en contacto con este autor, puede hacerlo a través de estas redes sociales:

facebook.com/Leuyingarcia
Instagram.com/leuyin_ndt
Twitter.com/leuying

ADQUIERE
NUESTRO LIBRO
CÓDIGO ÍNTIMO DEL
ESPÍRITU SANTO

SCAN ME!

ESCANEA EL CÓDIGO

ESCANEA EL CODIGO
CON TU CELULAR
PARA QUE PUEDAS
COMPAR EL LIBRO

LEUYIN
MINISTRIES

EN EL CÓDIGO ÍNTIMO DEL ESPÍRITU SANTO ENCONTRARÁS:

1. CÓMO HACER CRECER TU VIDA DE ORACIÓN.
2. ESTRATEGIAS PARA RECUPERAR LA DEVOCIÓN DE TU PRIMER AMOR.
3. PRINCIPIOS PARA ESTABLECER UNA VIDA DE ORACIÓN MÁS SÓLIDA.
4. ESTRATEGIAS PARA SUPERAR EL DESÁNIMO.

Made in the USA
Columbia, SC
21 October 2024

44550466R00146